**CÍRCULO
DE POEMAS**

As luzes

Ben Lerner

Tradução do inglês por
MARIA CECILIA BRANDI

9 Índice de temas

12 A pedra

14 Auto-tune

18 As luzes

24 A rosa

32 Resposta meridiana

35 A escuridão também projetou manchas em mim

46 O olmo de Camperdown

48 Os meios

53 As leitoras

55 O bosque

61 Dilatação

67 O pistilo

69 A voz

71 O circuito

77 A teoria

83 Os castanheiros

84 Sem título (tríptico)

95 *Contre-jour*

98 O coro

103 Também conhecida como escovinha, centáurea--azul e botão-de-solteiro

105 A cortina

110 Rotação

116 A rosa

122 O filho

124 Nenhuma arte

125 AGRADECIMENTOS

para Lucía, para Marcela

Índice de temas

Poemas sobre a noite
e poemas aparentados. Pinturas
       sobre a noite,
o sono, a morte e
                as estrelas.
Conheci um poema na
escola sob as estrelas, mas
não pertenço a uma escola
       de poesia.
Esqueci-o de cor. Lembro apenas
que se passava no mundo e que o tema
       partiu.

       Poemas
sobre estrelas e
sobre como são apagadas pelas luzes
da rua,
       ruas
num poema sobre a força
e as escolas dentro dela. Aprendemos
tudo sobre a noite na faculdade,
       como se usa,
faculdade noturna sob as estrelas onde
       fizemos amor
virar tema. Terminei meu estudo da forma

       e esqueci-o.
Esta noite,
       poemas sobre o verão

e as estrelas estão ordenados por eras
sobre mim.
Também poemas sobre o pesar
e a dança. Pensei em falar com você
destes temas similares
aos meus sentidos.
Se lembra de mim
do mundo?
Eu estava lá a postos e conversamos

no gramado, comparamos algo
à prisão, algo
a um filme.
Poemas sobre sonhos
como mariposas em postes de luz
até que os clichês
brilhem, o suave
brilho da tela
surge em nossas mãos,
marcas azuis nas janelas.
Que pretensioso
estar vivo agora,

que dirá outra vez
como a poesia e os poemas
indexados por
cadências que caem sobre nós enquanto
se partem. Era importante partir
ontem

numa obra em série sobre as luzes
para que a distância pudesse entrar na voz

e dirigir-se a você
esta noite.
Poemas sobre você, poemas
em prosa.

A pedra

Imagine uma música, ela disse, que dê voz à raiva das pessoas. Não foram bem essas as palavras. A raiva precede a música, ela prosseguiu, mas a música precede as pessoas, as pessoas são derivações regressivas do seu canto, que socializa o sentimento, expande o domínio do sentível. A voz tem que ser cantada para existir, de modo que a música precede a fala, prepara o terreno para ela. Então, como é que estamos falando agora, perguntei, embora não com essas palavras. Não estamos, ela respondeu. Ou estamos, mas apenas sobre se alguém deve levar o gato ao veterinário na pandemia, se devo criar um grupo de apoio com os meus vizinhos, se a manga é uma fruta de caroço. A voz de um povo não fala por meio de nós. Peguei um punhado de relva, que se soltou da terra quase sem se opor. Só estamos falando, ela prosseguiu, o que não é bem discursar; a fala precede a música que torna o discurso possível. Mas podemos falar sobre o canto, podemos descrever a música e as suas condições, sentados em nossas mantas no Fort Greene Park, o carro da polícia interditado e ainda fumegando ali ao lado, as libélulas acasalando no ar úmido sobre nós. Será que se pode convencer a música a existir, eu perguntei, eu queria perguntar, assim como queria que a relva resistisse, que se agarrasse à terra com mais ardor. Os caules são ocos, exceto nos nós. Evoluíram para suportar pisoteios e temporais. Me entrego à terra para crescer da relva que amo,[*] escreveu

---

[*] No original, "*I bequeath myself to the dirt to grow from the grass I love*". Verso de Walt Whitman do poema "Canção de mim mesmo". In. *Folhas de relva*. Trad. de Rodrigo Garcia Lopes. São Paulo, Iluminuras, 2005. (N.T.)

o poeta, e isto não é discurso nem canto, mas uma área de relva entre uma coisa e outra, isolada por policiais. (Estranho que "poeta" e "polícia" sejam anagramas.) Estorninhos ouriçados reuniram-se nas árvores. Vamos pensar em novos substantivos coletivos, ela não disse. Um alvoroço de estorninhos. Um bando, um rebanho, um baleal, uma caça, uma revoada, um assassinato de pessoas com voz de pedra, presas ao terreno da experiência, o terreno ético. Nesse sentido, atirar pedras é parecido a cantar quando se estilhaça a taça do vidro, o que se faz aquecendo a relva até que se torne líquida, e a meta da música é liquefazer as coisas, principalmente quem canta. Quando ela canta, não pode puxar a música de volta, e quando ela foge deixa para trás partes do tubo digestivo, dos músculos, dos nervos; pode-se ouvir na música o triste presságio. A fumaça mascara os feromônios para que o guardião possa aceder à colmeia (é estranho que "música" e "fumaça" sejam homófonas), mas até um cantor morto pode cantar, até um cantor decapitado por um gaio cantará se alguém lhe pisar.

Auto-tune

1.
O vocoder de fase adequa o tom da minha voz a um padrão.
Nossa capacidade de corrigir tons cantados foi efeito
    involuntário do empenho na extração de hidrocarbonetos
    da terra:
a tecnologia foi desenvolvida por um engenheiro da Exxon
    com a intenção de interpretar dados sísmicos.
O primeiro poeta de língua inglesa cujo nome conhecemos
    aprendeu a arte de cantar durante um sonho.
Beda diz: "Tantas vezes seus versos estimularam tantas
    mentes a desprezar o mundo".
Quando se ressintetiza o domínio de frequência de uma
    voz, há uma "mancha de fase" audível, uma espécie de
    vibrato,
mas em vez de exprimir o grão de uma performance
    particular, a mancha
exprime a recuperação da particularidade pelo padrão
    normativo.

Quero cantar a atividade sísmica das profundezas da terra
    e a destruição da terra com fins lucrativos
numa voz cuja particularidade seja extraída pela máquina.
Quero que a recuperação da minha voz, o reajuste do seu
    domínio de frequência, seja audível quando me pedirem
    para cantar.

2.

Caedmon não conhecia nenhuma canção, então se afastou
   dos outros, constrangido.
Depois teve um sonho em que foi abordado,
supõe-se que por um deus, que lhe pediu para cantar
   "o começo das coisas criadas".
Seu afastamento, e não o hino que compôs no sonho, é o
   momento fundador da poesia inglesa.
Meu tom aqui tende a ter uma autoridade que não
   reivindico ("momento fundador"),
mas a própria voz é uma coisa criada, e corporativa;
a laringe opera dentro de parâmetros socialmente
   definidos que aprendemos a modular.
Não dá para se retirar e cantar, pelo menos não de forma
   inteligível.
Só dá para cantar com a voz corporativa das coisas
   corporativas.

3.

A voz, insigne só por ser intercambiável, descreve
o objeto mais brilhante do céu depois do sol, afirma
que sob ele se fará amor, uma voz aplainada ao ponto de
  eu pensar que pode ser minha.
Porém como essa voz não modula dinamicamente os
  limites da sua inteligibilidade, ela não tem sentido.
Posso pensar que é minha, mas não consigo usá-la para
  expressar nada.
A desqualificação do cantor torna a música transpessoal
  às custas do conteúdo.
Nesse sentido, a música é popular.

A maioria dos engenheiros ambiciona ocultar a atuação
  corretiva do vocoder de fase.
Se o processo não for ocultado, se for usado em excesso,
  gera um gorjeio artificial na voz,
e a correção vira parte da distorção: a voz já não soa
  humana.
Mas o som da voz de um computador comove, como se a
  tecnologia quisesse nos lembrar do nosso poder,
cantar "o começo das coisas criadas". Esse é o som da
  nossa alienação coletiva,
e nesse sentido é corporativa. Como se partisse da emoção,

a fase se mancha enquanto a voz descreve
o difuso reflexo do sol à noite.

4.
Na voz sem portamento, uma voz em que o humano
parece uma perda, quero cantar as guerras perpétuas do
lucro.
Não conheço nenhuma canção, mas não vou me retirar.
Estou sonhando
o sonho patético de um páthos capaz da redescrição,
para que a personalidade corporativa se torne algo mais
que ficção jurídica.
Um sonho em prosa sobre poesia, um longo sonho de
acordar.

As luzes

1.

Objetos voam em grupos movendo-se lentamente
Luzes nas árvores. Como aqueles minutos antes
da tempestade em que passamos o casamento de Kyle
olhando para cima. É preciso decidir
onde se abrigar. Altos demais para serem pássaros
lentos demais para serem aeronaves convencionais
o vestido branco se destacava contra o cinza-chumbo
queda súbita da pressão. Luzes
nas árvores. Movendo-se lentamente. O radar
desligamos o radar e recalibramos para excluir as faixas
    secretas

Nenhum escape perceptível no sistema de propulsão
    conhecido, em outras palavras
quero saber o que isso causaria
à arte se eles não forem russos
O que quero dizer com "errático" é
fontes desconhecidas. Uma linda cerimônia
porque o muro de nuvens visível atrás deles
tem que ser construído. Uma vez estive em Paris
com o Bobby que estava de luto por sua mãe
e filmando esculturas públicas. A cada poucas horas ele
no choro. E eu o abraçava. É raro para mim

abraçar um amigo homem, mas eu estava e olhei para cima
    para ver
essas luzes. No entanto, meu diploma não é em física

então é importante eu levantar cedo e tomar nota das coisas
antes do meu eco. Tipo, no caminho para encontrar
Mónica devo ter tomado muito sol
sentei no meio-fio de repente senti frio e olhei para cima
para a arte. O vídeo mostra uma fonte de calor
Pássaros estão fora de questão. Aprendi a segurar
a parte de trás da cabeça ao abraçar, isso dá
uma sensação e também desacelera como

se eles fizessem contato e os mortos não notassem
minha mãe não notou, ele disse, uma falha
em toda a compreensão humana, ela não estava aqui para
    e eu
meio que pensei: um, eles podem ter modos
de cuidar dos mortos e dois
e dois, há recursos expressivos na cultura para que se tente
entender. As linhas de visão
das esculturas que ele filmava
tinham essas mariposas. Sem chance de que um piloto
    humano pudesse
a menos que o revestimento externo fosse uma cavidade
    cheia de gás

2.

Ao menos os poetas brancos podem estar tentando escapar,
    usando
o espaço interplanetário para reduzir
a diferença sob o signo do encontro e
do atraso pode-se pensar, orçamentos de risco,
o roubo, os debates sobre máscaras
faciais, deepfakes, íamos escanear
os céus, descobrir o que projetamos lá
entre os drones, as condições meteorológicas, os programas
    secretos
Sem dúvida estou fazendo um pouco disso quando
abraço a parte de trás da cabeça dele e vejo
luzes inexplicáveis sobre ele
que o amor cria, mesmo que o que eu queira em parte
seja ser destruído, todos nós
de uma vez, e assim é capturado o fim do desejo

Acho que tudo bem querer isso, o desejo inadequado
deve ter espaço na arte, que as trilhas
certamente congelam, e estamos sozinhos
e não estamos sozinhos ao
Sair pela primeira vez desde a pandemia, brigamos
por causa do cachorro e sobre quem tem o direito de usar
    a palavra
Palestina, e depois quase fizemos as pazes ao falar sobre
a insolubilidade, sobre como cada problema aumenta de
escala, e fiz a minha piada
que não é uma piada, sobre as filmagens que vazaram

nossa única esperança. Será que o trabalho
é escapar à lógica da solução ou trabalhar
como se houvesse uma, várias
entre nós. Tenho certeza de que são quase todos militares
mas quando a vizinha cortou meu cabelo
ela estava de máscara, estávamos ao ar livre, ela me contou
    que seu
primo tinha sido abduzido e muito bem tratado,
que eles precisam fazer contato de alguma forma
estão esperando que a gente evolua
cabelos grisalhos na calçada entre as flores de
cerejeira. E eu disse
quero ser honesto com você, sim, você está parecendo louca,
quero acreditar na sua história porque nela
há amor. Uma vez estive em Paris e a mãe do
meu amigo estava nas árvores
ele não viu, tive que segurar sua cabeça e esse entendimento

3.
de que eles estão aqui
entre nós, que nos amam
de que os convidamos a entrar
sem o nosso conhecimento
no nosso conhecimento, nas suas cavidades
de que pedimos para ser destruídos
de que eles estão deliberando
em nós, fazem parte da nossa vida sexual
de que estão perplexos conosco, e são gentis
com nossos primos

de que assumem a forma
de que as formas podem ser assumidas
de que a forma se reflete no Sena
a borda da taça no casamento de Kyle
de que são pacientes
a ponto de não existirem
de que podem suportar as forças armadas que nenhum
    piloto humano
de que têm artes
de que são conhecidos por nossos animais de estimação
de que se você sacrificar um animal de estimação

eles estão ao lado, sem julgar
de que têm um vago cheiro de papel queimado
de que encontrá-los seria como lembrar de tê-los conhecido
quando crianças, de que eles são
crianças, de que o trabalho das crianças está

em nós, de que eles fazem parte da nossa vida sexual
de que estão lendo isso
de que estão perplexos, mas conseguem distinguir
o contorno de um sentimento ao qual não atribuem
nenhum número, gênero

de que eles têm fontes
de elevação

A *rosa*

Em algum momento, percebi que as perguntas eram as mesmas. Estou estudando o preconceito racial implícito em crianças pequenas. Estou acompanhando o advento da economia de crédito. As implicações na música folk do fato de que as estrelas não piscam — a aparente cintilação das estrelas é apenas uma turbulência da atmosfera — é algo que queremos entender. Queremos entender como isso muda nossas lembranças da hora de dormir, por exemplo. Um raio verde. Brilha, brilha. Engraçado, diz um homem no átrio, estou estudando essa mesma questão. Em outros termos. Estou envolvido com essa questão da forma mais gentil possível; na verdade, é por isso que estou aqui hoje como voluntário. Você tem que admitir, a equipe está fazendo um excelente trabalho. Em seguida ele toma um gole de chá num copo de papel. Depois, descreve uma experiência de desfibrilação. Outro dia fui ver a reorganização de uma coleção permanente; a abstração tinha sido rebaixada. Tive pensamentos complicados sobre isso, que levei ao sol de inverno, onde me dei conta: é a mesma questão, e pressionava meu rosto contra a parte interna de sua coxa. Ligando para um amigo que agonizava. Para a música folk, as implicações são profundas. O ritmo molda o sentimento. Assim, a abstração pode ressurgir, livre de dominância, um xampu azul para a tradição, estrelinha. Só então é possível pôr a pergunta em palavras, pôr a pergunta nas mãos, soprá-la suavemente. Será que o decúbito é necessário para facilitar a análise extática. Será que sua mãe é mesmo capaz de ouvir você, com o nível de ansiedade que ela tem. Para usar um exemplo da minha própria vida, eu durmo com a cabeça debaixo do travesseiro. Acho que isso é comum entre os homens da minha idade. Mas será que temos uma explicação satisfatória para esses ciclos comportamentais conforme eles se espalham por uma geração. Agora fica nítido um propósito da arte, deixando um halo brilhante ao redor do corpo. A forma como falta à psicanálise uma explicação para os leites vegetais. Como o termo "trabalho" sai a torto e a direito da boca dos humanistas. Eu desenvolvo tecnologias preditivas para cenários complexos. Desacelero canções populares e as ouço tocar vendo vídeos de girassóis virando para o leste. Isso é engraçado, diz um homem. Quando eu era criança, achava que todos os arranha-céus eram lojas de departamentos, imaginava que os andares mais altos eram dos brinquedos e, quando as torres desabaram, fiquei imaginando grandes bichos de pelúcia em pânico, um ou outro pulando para a morte. A lua não é o sol à noite. Eu me pergunto o que é você. Muitos caroços contêm pequenas quantidades de veneno, e a nectarina não é exceção. Essas são coisas que eu nunca disse em voz alta antes, do quanto a personalidade dele depende de estar segurando uma bebida quente, uma pequena e constante demonstração de cuidado que contrasta com a sua fala venenosa. A lã é mais encorpada que o raiom. Ou a gravação diz "veludosa", a sintaxe se comportando como um sólido, fornecendo luz e arejamento. Enquanto uma chama azul se espalha por uma pequena poça de líquido derramado, estou tentando imaginar uma canção de ninar com escalas. Aprendi esse método de impressão em um sonho. Ele tem uma contramelodia oculta. Tudo o que me lembro do seu curso, ela me disse, é que a rosa é obsoleta. Nos esbarramos na linha G de metrô em direção ao Queens, e eu não sabia se deveria perguntar sobre os hematomas que ela tinha no rosto e no pescoço. Emergimos do túnel para o sol de inverno e ao redor de seu corpo formou-se um halo brilhante. Será que posso lhe fazer uma pergunta pessoal. Alguma vez você já sentiu como se a sua fala fosse ditada por associações fonológicas a tal ponto que — ou talvez especialmente —, até nos relacionamentos mais íntimos, o conteúdo das suas falas fosse impulsionado pelas exigências da forma acústica. Isso perturba a interioridade. Isso dá nos problemas de consentimento. Traços da memória auditiva estão sujeitos ao rápido declínio, como um diamante no céu. Rose era o nome da minha avó materna. Seus pais tinham uma pequena mercearia no Brooklyn. Contrataram um motorista, muito bem recomendado, para fazer entregas. Mas — souberam disso depois que ele atropelou e matou um pedestre — ele não tinha carteira de motorista. Foram processados e perderam tudo. Meu bisavô ficou praticamente louco. Ele também sofria de furúnculos. Minha bisavó morreu de tuberculose em um sanatório com piso de concreto. Nenhum dos dois falava inglês. Rose teve que criar seu irmão mais novo, John, na penúria, praticamente sozinha. Muitos anos depois, John — que a essa altura era um antologista pioneiro de música folk — foi atropelado e morto por um judeu hassídico apressado para chegar em casa para o Shabbat. No fim da vida, Rose misturava esses dois acidentes de carro em sua mente. Seu pai havia contratado um judeu hassídico que atropelou e matou seu irmãozinho. Mas não é por isso que estou lhe contando essa história, ela disse. Quando Rose estava em uma residência assistida em Cambridge, começou a cismar que os funcionários entravam furtivamente no quarto dela e faziam alterações sutis nos seus quadros. Tirando as telas das molduras, fazendo outro contorno ao redor das peras e maçãs, e depois recolocando as pinturas no lugar. Minha prima sempre discutia com ela: Você está doida, quem faria uma coisa dessas, ninguém encosta nas suas pinturas. Isso durou cerca de um ano. Até que um dia meu pai — estávamos todos na cidade para o aniversário de noventa anos dela — levantou-se da cadeira, aproximou--se da parede, tirou os óculos, inspecionou com cuidado as obras de arte e disse: Bem, Rose, você conhece essas pinturas mais do que ninguém. São suas há sessenta anos. Então, se você diz que estão sendo manipuladas, tenho certeza de que tem razão. Mas, você tem que admitir, a equipe está fazendo um excelente trabalho. Que cuidado eles têm para reinserir o papel na moldura. Não há nenhum borrão nos vidros. Rose pensou um pouco. Você tem razão, ela disse, estão fazendo um excelente trabalho. E ela nunca mais reclamou dos funcionários. Acho que isso nos fornece um protótipo de crítica de arte, se não um itinerário para a crítica de arte, durante uma crise dos serviços de cuidadores de longo prazo. Já notou quantas histórias sobre o poder da arte são, na verdade, sobre o poder das instituições, o salão de exposições do espírito. Aqui está você, um viajante no escuro. Sua característica mais proeminente é uma concha retrátil. Prefiro a corrosão dos metais ao desbotamento dos corantes, prefiro a hora de dormir ao fim de uma era. Um dia será necessário contar como o antistalinismo, que mais ou menos começou como trotskismo, se transformou em arte pela arte, e assim, heroicamente, abriu caminho para o que estava por vir: animais incômodos e peçonhentos escalando estruturas em favo de mel. Vídeos de overdoses de fentanil. Estou estudando como os clarões de luz ofuscam a visão. Estou acompanhando como expressões de insatisfação com o mundo podem ser recuperadas por padrões sonoros. O idealismo ferido da nectarina. Antes de um confronto físico, as garotas do ensino médio tiravam os anéis. Uma cerimônia de grande solenidade e ternura. Como um desses jogos infantis de cantar que são também artefatos de sobrevivência pagã. Rodas crescentes, palmas, palhaçadas. Ou como a técnica de relaxamento em que se olha fixamente para uma vela, destinada a combater o pânico do papel de gênero que ameaça a interdisciplinaridade significativa. Frases feitas, afetos em pop-ups. Estávamos caminhando na praia ao pôr do sol, com esperança de ver um raio verde. Meu primo explicava uma questão difícil no seu casamento, chamando-a o tempo todo de "ponto nevrálgico". Eu não me sinto vivendo tanto quanto me sinto exibindo partes da minha vida, ele disse. O fato de que ele nem tentou matar o mosquito que pousou em seu braço me pareceu um indício do quão profunda era a sua depressão. Foi então que comecei a perguntar: O que é que as coisas que poupamos revelam. Agora faço essa pergunta ao fim de cada sessão. Nesse instante notei um drone cinza-chumbo pairando poucos metros acima de nós. A atmosfera refrata a luz do sol, separando a luz por cores, assim como um prisma refrata e divide a luz solar em arcos-íris. Dessa forma a abstração pode ressurgir. Eu lhe disse: acho que você está confundindo dois acasos, do nascimento e do vidro. Qualquer relacionamento longo vai envolver choro, cacos, asperezas. Se os restauradores conseguissem o que querem, nada jamais seria exibido no átrio. A cada minuto perto do pôr do sol, o brilho muda duas vezes, então uma falha de sessenta segundos pode causar danos permanentes. Ele fez que sim mas com a cabeça longe, efeito do fentanil. Acima das nuvens, no alto de montanhas distantes, sob fortes inversões térmicas em latitudes altas: estrelinha. Posso senti-la escapar de mim. Sensação de estar pronto, mas não para nada. Uma noção dos oceanos e das árvores antigas. Daí uma instituição poderosa propôs a uma amiga minha a curadoria de uma exposição a partir da sua coleção permanente. Você tem, lhe disseram, carta branca. Ao longo de um ano, ela elaborou planos para uma mostra organizada em torno do halo. Como as representações do halo mudam à medida que o espaço pictórico se torna mais complexo. Quando os halos são somente luz e quando possuem massa implícita. Será que algumas figuras estão cientes de seus halos ou elas são sempre extradiegéticas. Ela realmente não falava de mais nada, mesmo quando o estado de saúde do seu parceiro piorou. Mas, cada vez mais, surgiam problemas com a instituição; o transporte, por exemplo, era um ponto nevrálgico. Os halos radiantes precisam de irrigação o tempo todo. O gelo estéril precisa ser acondicionado em cavidades. Você tem que inventar um sistema justo de pontuação para candidatos à pediatria. Por fim, estávamos no nosso almoço mensal e ela, como sempre, ficou reclamando da equipe, quando eu meio que desabafei: Emma, isso nunca vai acontecer. Olivia, é um sonho impossível. Mia, não tem a menor chance. Todos os nomes populares de bebês terminam com a letra *a*. Como no espumante rosé. Pólen de erva-doce. Fruta de caroço misturada com sal, folha de louro e coentro em grãos. Pense na cabeça como a tampa de uma panela, segurando o sabor do camarão dentro de seu corpo. Isla, Olivia, Aurora, Cora, Ada, Amara, eu disse, e ela começou a chorar. A água dos nossos copos tremeu enquanto o trem da linha G de metrô passava embaixo, pequenas perturbações no meio. Um dia será necessário contar como os macacos-aranha, que inicialmente eram mais ou menos como os macacos--barrigudos, evoluíram ao desenvolver um sistema distinto de locomoção, e assim, heroicamente, abriram caminho para o que estava por vir: redes de anonimato. Entre meus amigos, pelo menos os amigos homens, há um retorno à prosódia tradicional. Mas, é claro, nunca falamos sobre mim; falamos sobre se você vai ser atacada no Twitter por incorporar a auréola. Se é melhor ser patrocinado pela diocese ou pela indústria do tabaco. Se é possível garantir uns nomões para o catálogo. Me atualize sobre o seu trabalho voluntário no hospital, você diz, quando chegam os cafés. Enquanto isso, a sua companheira está cada vez mais entregue à espuma viscoelástica, encaminhando para você um novo artigo sobre microdosagem. Talvez isso ajude, emoji triste. O egocentrismo é impressionante. A oradora quer controlar o clima com seu falatório. O ritmo molda o sentimento. Afastei a cadeira, um gesto que não faz o meu estilo, e joguei duas notas de vinte na mesa. Logo eu estava na Fulton Street, atordoado sob o sol de inverno, mais do que um pouco bêbado. Só quando enfiei a mão no bolso e senti duas luvas desconhecidas percebi que tinha pego o casaco de lã preto de outra pessoa. Mas eu não podia voltar ao restaurante depois da cena que fiz. Fui na direção do Fort Greene Park e me sentei em um dos bancos perto da avenida Dekalb. Tateei os bolsos do casaco e encontrei um maço de cigarros Vogue, aqueles fininhos britânicos vendidos para mulheres. Enquanto fumava, vasculhei a carteira, que havia encontrado no bolso interno. Dinheiro, cartões, recibo da lavanderia etc. Tinha também um pedaço de papel pardo que desdobrei, e trazia a seguinte nota manuscrita em tinta roxa: Sei que tivemos um ano difícil, mas quero que saiba que eu te amo. Sempre vou te amar. O que aconteceu em Denver nunca mais vai acontecer. No máximo, serviu para esclarecer o quão importante você é para mim. Acho que a maneira como tudo começou foi confusa — você sendo meu professor. E depois, quando minha carreira deslanchou, de repente a dinâmica se inverteu. A mudança foi difícil para nós dois, principalmente por causa das viagens. Agora eu também vejo como isso trouxe à tona muitas coisas da infância. Simplesmente comecei a questionar tudo. Sei que isso acontece em qualquer relacionamento longo, mas talvez seja pior hoje em dia, para a nossa geração, por causa das mudanças climáticas. Enfim, não estou querendo justificar o que fiz. Só quero que você saiba que acredito em você e acredito em nós e aguardo ansiosamente as aventuras que o ano novo trará. Levantei o rosto com lágrimas nos olhos. O som de uma sirene se distanciava. De repente o sol parecia mais baixo no céu. Um cachorro branco e enorme na coleira roçou as minhas pernas ao passar. Toda a minha raiva foi embora. A mensagem, eu senti, era para mim; a música folk é para todos nós.

Resposta meridiana

O estalo quase audível da neve
        na neve, o clique
do olho no olho, o arrepio
no couro cabeludo que desce
lentamente pelo pescoço, o som
aquecido até mudar
        de estado, um líquido
tenso na boca, a cadência
        caindo

e caindo, a respiração
        colidindo com
a vidraça, o inaudível
estalo da língua contra
o rebordo alveolar, a luz do sol incidindo
sobre algo indefeso.
        Esta é uma gravação
da chuva parando, da queda de energia, do som
        ambiente que você leva

para fora, solta nas árvores, folhas
        cor de prata
movendo-se no escuro, o quase
som quando os cervos olham para cima, raízes
pequenas pendem de suas bocas,
espalhando terra,
        cinzas, luz
espalhando o som
        de abrir a garganta

como se fossem falar.
        Quero fazer aquele som
de pôr algo escrito
no papel em vez de pôr sob o
vidro, oposição fantasmal, a vogal
da fruta de caroço
        amolecendo, o sussurro da inflamação
interna, quero elogiar
     o baixo

grau da euforia produzida ao fazer sutis
       distinções, o clique
das pequenas diferenças, o arco
desenhado na placa de metal
coberta por uma fina
camada de areia, um padrão nodal, formas
      de sentir em torno
da estática, amassando
     papéis, plásticos

finos, as ninfas
     eclodindo nas
gramíneas, comendo gramíneas, o papel se enrosca
em chamas, atraindo
parceiros. Quando se perde uma rima imperfeita devido a
mudanças na pronúncia, convoca-se o
     trabalho de
reconstruí-la:
     amor

e *maior*, alterações na
     boca, jogo
de cores, amigos fazem

experimentos de audição
como: distorção *enquanto*
música, oceano *enquanto* tráfego, vento nas árvores
      como uma fala
entreouvida. O som ainda não audível de mim mesmo
      me agarrando à crença

em novos sentidos, fazendo
      a reivindicação
mais suave possível, escovando-a a
contrapelo, assumindo uma carga
negativa para virar o disco
sem acordar ninguém,
      som de agulhas e alfinetes,
ruído de
      de.

A escuridão também projetou manchas em mim

Não era minha intenção viajar no tempo,
vê-lo distribuir frutas secas e biscoitos doces
para soldados no hospital, módicas quantias,
escrevendo cartas por eles, isso era quando
se podia levar uma carta ao primo que a leria
sob a luminária de vidro facetado. Por que artigos caem
    em desuso
com o tempo, ou são repostos, acha que essa é uma boa
pergunta para fazer ao poeta caso o encontre lá fora, a
    bordo
de uma das várias balsas que não existem mais?
Sou um estranho aqui numa residência, luz
estranha a mim, gaviões saltam das árvores
ao som de meus passos no cascalho, bronzeado de ler
Dias exemplares na varanda do outro lado
da rua onde outro poeta morreu
ou começou a morrer. Alguns residentes pedem isso,
outros pedem que não lhes deem tal encargo, eu
não pedi nada, mas ainda assim acabei viajando
de bonde pela Manhattan dos tempos de guerra quando
a ponte provavelmente era a estrutura mais alta.
Não, não estaria finalizada até que, ainda não teria
sido finalizada, esses continuam sendo
meus tempos verbais favoritos, mariposas em postes de luz
obscurecendo a lista das vítimas que estou tentando ler
em voz alta para cidadãos em trajes formais, articular,
tentando ficar calmo e subsistir.
Eu não faço nenhum sentido no alto deserto,
pego a lata amarela com a roda dentada,

encontro, em vez de café, cinzas, material particulado, mas
fervo aquilo e levo uma xícara para ele.
Acordar e reler a seção sobre presentes:
pode ser pior amar os dois lados de uma guerra,
um confronto geral na floresta, falar
dos "arredores" do ferimento enquanto removem
estilhaços de osso, pior admirar o canto
através de gaze à luz de vela do que ignorar
uma festa de casamento atacada por drones:
não conheço ninguém envolvido, exceto todo mundo,
que dirá o amor. Eles estão mortos de formas diferentes,
esses poetas, mas visito os dois porque
uma residência me oferece tempo, não sei bem de onde
vem o dinheiro, ou o que é o dinheiro,
como você pôde deixá-lo ao pé da cama de um soldado
e depois cruzar a alameda ao luar apaixonado
pelo confederado, acordar bem-disposto e levar
tabaco a quem não foi ferido
no pulmão ou no rosto. Esta noite
ouço as gravações deles ao mesmo tempo
em janelas separadas, quatro versos de "America"
poderiam ser recitados por um ator, mas o chiado
do cilindro de cera é real, soa como suponho que
soassem os motores de barcos antigos, enquanto
"The Door" incorpora angústia à voz,
poderia ser num quarto. O primeiro diz que
me espera mais à frente, mas não sei se chego
a tempo: até mesmo a expressão "jornais vespertinos"
vai precisar de glossário, bem como a noção de que presidentes
têm atributos. Em vez disso, eu me projeto para
antes do arco voltaico e do vapor de mercúrio, invisível
mão de obra dos homens em tubulões mal iluminados
ainda a alguns anos do futuro, quando o perigo

vai se aproximar rápido demais, bolhas de
nitrogênio se formarão no sangue. Eu queria dizer
que também passo por uma série de antecâmaras a caminho
do trabalho imperceptível, mesmo assim algum tipo de torre
pode ser construída em cima delas, mas sou sobretudo um
    supervisor
doente por ter vindo à superfície depressa demais,
    observando
o progresso por um telescópio, enviando mensagens para
o local da ponte através da minha esposa, Emily.
Quando concluída, a comemoração será maior do que
a que marcou o fim da guerra, como se
fosse possível separar essas coisas, como se fossem
coisas, foram usados carvalho e ferro baratos
enquanto a inflação avança. Meu pai estudou por um tempo
com Hegel, e há outros nomes próprios
que poderíamos invocar: os dois Cranes, o
que morava neste apartamento e se afogou
quando tinha a minha idade, e o mais velho que morreu
mais jovem — ambos viram e não viram a guerra.
Mas esse é só o jogo dos atributos de novo,
na verdade o rosto sem ferimentos é macio.

A fina lua crescente paira sobre um Brooklyn onde
os ricos ainda cultivam terras, e eu espero pelo seu retorno
da guerra cujos dois lados você ama: volte
para o futuro onde sou um residente e a frase
evoca um dos filmes cruciais da minha juventude,
passado em 1955, ano em que a energia nuclear pela primeira
vez iluminou uma cidade, Arco, Idaho, lar também do
    primeiro
acidente nuclear (1961), embora os anos sejam parte
do jogo. No filme, está em falta o plutônio que gera

eletricidade para o carro que viaja no tempo, enquanto
na vida real o plutônio vazou para o solo de Fukushima,
De volta para o futuro estava à frente do seu tempo,
1985, quando eu tinha seis anos e os Kansas City Royals
venceram a série, em parte porque um acordo ridículo
forçou a sétima partida, Orta claramente eliminado na
   primeira
base. Sinto que isso sai do meu controle,
então saio de casa, uso a porta dos fundos para evitar
os outros residentes, e assisto ao sol
se pondo por trás da fumaça dos incêndios no Arizona, "zero
por cento contidos", aceno para uma mulher arqueada
sobre a fileira de flores fúcsia, mas ela não pode
me ver: esvaneci na fotografia.
Muitas vezes dizemos crepúsculo querendo dizer anoitecer,
ou olhamos para os relógios e não vemos as horas,
dois hábitos sem importância que fazem de nós
gente o suficiente para acreditar que um ataque ao
local pode pôr um ponto-final. Depende
do que você pensa que está acabando, o rosto amável
do terror, a energia nuclear civil, trata-se de
duas coisas? Quando volto há homens trabalhando
no telhado, de dia faz calor demais para isso, aceno
e me veem, estranho cumprimento
em espanhol, quem vai saber o que eu disse, já que
confundi o condicional com o imperfeito.
A música *norteña* no rádio deles preenche a casa
espero que saibam que não é minha: só escrevo aqui.
Saio outra vez com uma garrafa de filtro e três copos,
mas é claro que eles têm a própria água, aceitam
uma xícara de cinzas? Precisam de alguma coisa?
Logo eles passam para a casa que digo que é dele
porque Douglas, o administrador do local,

o levou de lá às pressas para um hospital em Midland
ou Odessa, o propósito dos telhadores me é obscuro,
meu trabalho é conversar com moribundos ou mortos,
deixar que ponham a mão pálida em meu joelho
se ainda tiverem mãos, os auxiliares de enfermagem
ocupados por trás das cortinas, alguns entoando
cantos de louvor populares, em geral acompanhados por
um acordeão ou um harmônio, estranho
que ambos estejam disponíveis entre baias
e redes mosquiteiras. Ele parece achar prazeroso
quando a lua cria manchas incandescentes
para um garoto à beira da morte gemer, ou se
o fogo lambe uma área da floresta e as chamas devoram
os soldados avariados demais para fugir. "Mancha" do
latim *macula*, literalmente alguma
imperfeição, comparável ao medieval *macla*:
grupamento cristalino, crucita. Talvez isso seja falso,
o ponto é que ele não sente que precisa conter o seu amor
pela riqueza material do corpo confederado do moribundo
de membros seccionados, por isso o balde
ao lado da cama, quase nunca menciona
raça, a não ser para observar que há muitos
soldados negros, que mulheres negras asseadas dariam
enfermeiras incríveis, enquanto repetidas vezes
entrego dinheiro a rapazes com órgãos perfurados:
"unionismo", morrer de cabelos lustrosos
ao lado de uns trocados faz parte de escrever
o grande poema. Ou seria o momento utópico
amar o cheiro de merda e sangue, o conhaque
derramado na ferida, a política da pura
sensação? Quando você morre no escritório de patentes,
há um trocadilho com expiração, é preciso entrar numa
das imensas caixas de vidro cheias de maquetes

de máquinas, utensílios, curiosidades. Olha,
o seu presidente será assassinado no teatro,
atores serão presidentes, módicas quantias
serão monstruosas quando circularem, considere:
eu vim do futuro alertar você.

Amanhã verei as instalações permanentes
de Donald Judd em velhos hangares, mas
agora é amanhã e eu não fui, parti sem chapéu
no início da tarde, me perdi e logo estava
vendo moscas volantes e manchas, então voltei para casa,
por dentro toda verde-mar até meus olhos se ajustarem,
deitei-me um pouco e sonhei que fui.
Esta noite vou fazer a barba, beber umas com o amigo
de um amigo, mas isso foi semana passada e eu cancelei,
aleguei que a altitude me deixara meio mal, vamos
nos falar de novo quando eu estiver adaptado?
Ontem vi um livro sobre Donald Judd
que eles têm na casa, decidi não ir embora até
terminar um poema que abandonara
mas por fim vou retomar. O que eu preciso
é de uma residência dentro da residência, aí
poderia voltar para esta novinho em folha, apreciar Judd
com amigos de amigos, ver as bolinhas
de sangue brotarem no pescoço, e assim saber
que me barbeei a tempo, agora estou mais perto
de uma barba do que nunca, mas nem tanto.
Fazer a barba é um modo de começar um dia útil cumprindo
o ritual de não cortar a garganta quando a chance se apresenta,
"Loções e navalhas para os paspalhos —
para mim, sardas e barba eriçada",
em grande parte, lê-lo é um constrangimento.
Hoje acordei após ser barbeado em um sonho

por uma enfermeira que parecia a Falconetti,
minha cama entre as enormes caixas de alumínio
que ainda pretendo abrir, depois fiz a barba de verdade e achei
que foi trabalho o bastante para um dia, de costas
para o futuro. A fundação fecha
aos domingos e à noite, que é quando a residência de fato
acontece, então planeje sua visita
com antecedência, ou contorne o prédio
onde estão expostas as esculturas de Chamberlain,
de aço cromado e pintado, que se veem melhor
através do seu próprio reflexo na janela:
Em *Joana d'Arc* (1879), de Bastien-Lepage,
ela estende o braço esquerdo, talvez em busca de apoio
no êxtase de ter recebido um chamado, mas em vez
de agarrar galhos ou folhas, a sua mão,
na que é para mim a passagem crucial, em parte
se dissolve. A mão cuidadosamente posicionada
no campo de visão diagonal de um dos três
anjos translúcidos e flutuantes motivou críticas
ao artista por não ter conseguido conciliá-los com o
realismo da futura santa, uma "falha" que a mão representa
como a ruptura do espaço, o plano de fundo
começando a engolir seus dedos, me lembrando
da fotografia da qual as pessoas desvanecem, aquela que
"Marty" usa para medir o tempo que falta
para o futuro no qual assistimos ao filme,
só que aqui é a presença do futuro, e não
a ausência que desmancha a sua mão: não é possível
levantar do tear tão rápido a ponto de
derrubar a banqueta e correr em direção ao plano
da imagem sem assustar o pintor, ouvir
vozes que o suporte é incapaz de retratar
sem que isso se inscreva em algum lugar do corpo.

Mas da nossa perspectiva é justamente
onde a mão deixa de significar mão
e se torna tinta, onde já não parece quente nem
habilidosa, que ela alcança o presente material,
se torna mais real do que a escultura porque
hesita: ela está vindo à superfície depressa demais.
É por isso que o rosto dela está no meu sonho, não o dela,
mas o da bela atriz que a interpretou (1928),
também porque no filme ela retira a falsa
confissão, alcançando a transcendência
só depois que raspam sua cabeça. Fico constrangido
porque há operários no telhado
para os quais este é o norte, e ninguém faz um chamado
de algum canto além do deserto, exceto um poeta
ou outro, o conflito entre dois sistemas
de trabalho incompatíveis persiste, e o terceiro
é a fronteira tremeluzente entre eles,
o quase-trabalho de levar tudo para o lado pessoal
até que a pessoa se torne um bem comum,
uma "vadiagem" radical que aproveita a guerra
porque esta também dissolve as pessoas, um livro
que aspira à condição de moeda. Warhol
queria fazer um filme sobre *Dias exemplares*.

Uns dizem que as esferas brilhantes perto da Rota 67
são paranormais, outros desdenham disso e acham que são
truques atmosféricos: estática, gás dos pântanos, reflexos
de faróis e fogueiras, mas por que descartar
o que o engano pode estabelecer, a nossa própria
iluminação devolvida a nós como alienígena, como um
    sinal?
Eles construíram uma plataforma de observação em
    concreto

iluminada por fracas luzes vermelhas que devem parecer
misteriosas se vistas lá do outro lado.
Esta noite não vejo esferas, mas me projeto
e me encaro de volta, um truque importante porque
a meta é estar dos dois lados do poema,
transitando entre mim e você. Mas qual
o mistério que ele alega que sua obra ao mesmo
tempo contém e não contém, o que é que ele promete,
parece que aceitamos em silêncio, não dá para afirmar,
e como pode já estar consagrada enquanto lemos,
e a quem se dirige a última estrofe
de "Cruzando a balsa do Brooklyn"? A forma
é sempre a resposta para o enigma proposto, embora
não haja exatamente uma aqui, apenas um falante
desprovido de história para que possa atravessá-la:
maré, rastro, barcaça, mastro, fundição são coisas
que qualquer pessoa poderia ver, mas ninguém em particular,
são menos coisas do que exemplos de coisas, que um dia
significaram um local de encontro público, uma reunião.
As palavras são a promessa que ele não pode fazer
em palavras sem torná-las definitivas
e, assim, quebrando a promessa porque
só mesmo vazios podemos nos imaginar reunidos,
não sendo nós mesmos, mas sim representantes
dos eus que ele nos pediu para dissolver:
tolos mensageiros. Essas são as condições
contraditórias da minha residência no poema,
onde não deixam Ari me acompanhar porque
ela é do mundo, e o que mais me faz falta
é a distorção, o ruído do cilindro de cera,
as falhas do suporte que preservam
a distância que ele reduz, a fonte de luz
pela qual volto a Creeley. Dela eu queria incluir

os relatos diários sobre como a lavanda resistiu
à onda de calor, sobre a raiz dilatada onde minha
aorta encontra meu coração, sobre como confundi
duas mariposas atraídas pela lanterna com o
Tapetum lucidum de algum bicho se aproximando
no escuro, é bom saber que ainda posso
sentir um terror quase sexual tomando esses remédios.
Depois fiz grandes planos para as formigas-de-fogo
como personagens da experiência coletiva
uma estranha realidade da residência privilegiada,
perdi uma manhã atraindo-as com maçãs,
enrubescendo quando Douglas perguntou. Não pergunte:
o diastema do pintor visitante, uma pena vagamente
erótica no sorriso dela, o sangramento nasal
causado pela altitude enquanto eu dormia, a barba de sangue
no espelho do banheiro, frase terrível
grudada em minha cabeça há uma semana, o risco de
reincidência metastática em algum lugar na minha mãe,
o chuvisco na claraboia, tendo aprendido
a distinguir os gritos de súplica dos filhotes de andorinha
da tagarelice dos adultos. Um amigo na Califórnia
acredita estar inalando partículas quentes
de Fukushima, onde um coelho nasceu
sem orelhas, será que devo incluir isto aqui
junto com as outras baixas, ou
tudo será nivelado assim que sair
no catálogo? Minha parte favorita do livro:
ele está em Topeka e deveria ler
um poema para vinte mil pessoas, mas em vez disso
decide escrever um discurso que não consegue fazer
porque está se divertindo demais no jantar,
então ele só inclui o discurso no livro para
lermos num momento de lazer, isso nos leva a pensar

se ele realmente enviou a carta incluída no livro
escrita para a mãe de um soldado morto. Whitman:
poesia substituída por oratória dirigida
ao futuro, o sensorial comunitário
trocado por uma refeição privada. Se ao menos houvesse
mais afastamento do palco, menos
correspondência, um dos seus termos favoritos, eu poderia
me voltar para ele agora, mas o reflexo
de sua cabeça está coroado por raios de luz, "cruz"
está no título, e há outros sinais
de uma encarnação negativa, um céu de papel
onde o sofrimento é causado por outros.
Fui mais do que injusto, embora ele tenha
pedido, e ainda esteja pedindo isso, posso ouvi-lo
pedir através de mim quando falo,
sem querer, a pessoas que não estão lá,
ou pensar na arte como lazer que é trabalho
nas casas que os ilegais constroem, consertam.
Está entre os maiores poemas e fracassa
porque quer se tornar real e só pode
se tornar prosa, erro fundador
do livro de que fomos expulsos.
E ainda assim: olhar da plataforma, ver
misteriosas luzes vermelhas transitando pela ponte
de um Brooklyn a que posso ou não regressar,
fenômeno que nenhuma ciência explica,
veículos de rodas às pressas na escuridão
com os vidros abertos e a música tocando.

O olmo de Camperdown

Nossas filhas não pretendem
Pôr fim aos pirilampos
Matá-los quando põem nas mãos
Em conchas os corpos macios, luminosos
Sons suavizam seus traços
Como um solvente moderado
Amolece o acrílico que o tempo amarela

O velho hábito da senciência
Depois da tempestade, a luz
Passei a me sentir bem atribuindo
Traços, o olmo de Camperdown
Foi celebrado em um poema por isso
Puseram uma cerca ao seu redor como se
Estivesse numa concha, como uma amiga

Com copos quentes de ventosa
Cercando os meridianos do seu corpo,
Liberando energia lentamente, ela está
Quase sempre numa agonia sustentável
Coloco um pirilampo em cada copo
Coloco os dois nos galhos do
E peço que cuidem dela

O olmo chorão, sua enxertia
Mesmo que a luz seja fria
As asas se feriram, guardei o brilho
Nas mãos em concha, diz a criança
O verniz da superfície se dissolveu

Ela quer saber se ele produz mel
Que reluz no escuro, o pulso

Lento, os intervalos
Mais curtos em noites quentes não vão
Te matar, a falácia patética
Minha falácia de agosto, de modo que o outono
De modo que em setembro haja um defeito
Em seu copo, onde ele prende,
Fere um pouco e liberta

Os meios

Caminhando ao cair da noite pelo vasto campo, gravando isto aqui no meu celular, este é o meu trabalho, tão antigo quanto o ofício de soldado, os morros, os morros soldados para onde flui a corrente, a corrente verde. Quando termino de gravar, meus lábios são flores secas. As árvores estão cheias de sacos plásticos pretos e ninhos de vespas, mas não de significado; incutir significado é tarefa que recai sobre mim. E sou eu, Ben, ligando só para ter notícias. Estou indo buscar Marcela na creche e queria saber da sua viagem. Imagino que tenha sido difícil vê-lo nesse estado. Enfim, amo você e estou por aqui. Me liga quando puder. Estarei na área até o fim do século XIX, quando a madeira entalhada dá lugar ao aço polido, especialmente na superfície dos lagos. Sabe quando você às vezes só percebe que estava chovendo quando a chuva para, com o silêncio caindo no telhado, formando córregos no vidro? Este é o equivalente religioso disso, especialmente na música e em campos aplicados, vastos campos. Rainhas hibernantes são bichinhos de estimação incríveis, só não espere que elas entendam a sua escrita, como você reorganizou as ênfases para propor sentimentos antecipados do sujeito coletivo que poderia senti-los, bom trabalho se você conseguir, e você não consegue, ninguém consegue, é por isso que tal disciplina está em crise, esse comércio das flores de corte, dobras geológicas, falsa equivalência. Eu me lembro de quando fui entrevistado para esse posto. Estava usando um fraque de veludo com cauda, com um pequeno buraco do lado esquerdo do peito, onde a bala de chumbo entrara em uma das cinco estruturas, similares ao coração, do meu bisavô. Encontrei o comitê em um Hyatt Hotel. O quarto tinha um carpete que dava enxaqueca; a cena comum de um rio estava pendurada em cima da cama. Depois das formalidades de praxe, o presidente da empresa pediu que eu cantasse, e em seguida as águas do rio pintadas na tela começaram a correr. É difícil acreditar que isso foi há mais de duzentos anos, quando as pessoas ainda se arrumavam para viajar de avião e esperava-se que as crianças absorvessem luz com suas penas superescuras, fazendo o contorno desaparecer. Elas provavelmente evoluíram e podem assustar predadores, nos fazer parecer profundos, para que, quando menos esperassem, pudéssemos fundir seus ninhos subterrâneos com alumínio derretido, vendendo-os online como escultura. Mas se você já viu um padrão dendrítico em um lago congelado, um raio capturado em um plástico duro ou a delicada nervura da asa de um inseto (a quarta veia da asa se chama "média"), então você já deve ter sentido que há um espírito em ação no mundo, ou havia, e que torná-lo visível é a tarefa do artista, ou era. Estou decidido a admirar todos os vistosos caminhos prateados, não importa onde os encontre, é por isso que estou ligando. Estou sentado na Grand Army Plaza, perto do chafariz, que fecharam até a primavera, quando voltará a dar uma expressão sensual à nossa liberdade. Em outras palavras, estou no trabalho, realinhando e entrelaçando barbelas, lubrificando o que são basicamente estruturas mortas com um óleo gorduroso que desenvolvi para esse propósito, pensando em você, armazenando você em meus pensamentos como pirilampos no vidro, frio ao toque, corrente verde. Você não pode se culpar. A última vez que o vi, jantamos em

Fort Greene, e tive ataques de riso com suas imitações, especialmente do John. Ele estava bebendo, mas não muito: um drink, vinho branco. O único momento estranho foi quando tive que olhar pro telefone porque eu estava recebendo um monte de mensagens e queria ver se estava tudo bem com as meninas. Ele meio que deu um piti por isso: Por acaso estou te entediando, precisa fazer uma ligação. Mas pedi desculpas e fomos em frente. O que mais me tranquilizou foi que ele estava empolgado com o novo emprego, mesmo que não pagasse muito. Iam deixá-lo usar as impressoras 3D para umas coisas pessoais, e ele estava animadíssimo com isso. Enfim, amo você e estou por aqui. Agora preciso buscar Marcela, mas estou na área hoje à noite, promovendo sílabas, tentando evitar as armadilhas duplas da mera formalidade e do sentimentalismo, ingerindo mais ou menos dezessete miligramas, folhas dentadas nos sensores de movimento, sem significar nada, mas controlando um espaço. Nos últimos tempos minhas filhas têm perguntado o que eu faço quando elas estão na escola; quero dizer que enfeitiço o barqueiro com a minha música para que os bichinhos de estimação perdidos possam voltar, que com a minha canção as peças magnéticas se dispõem em estruturas hexagonais complexas, mas elas sabem que eu não sou musical, que descrevo a música dos outros, capturo-a em plástico duro. Com os lucros, compro uma espuma enganosa que reveste o ninho e mata de uma vez e um pingente que parece um miniábaco de pérolas, de origem responsável. Como é um dia normal para você? Para mim, a fruta é indefinida nas bordas, e os rostos de alguns amigos são meros indícios, enquanto outros observam os padrões da verossimilhança de uma forma que parece cada vez mais afetada; por que surgir com tanta vivacidade se a noite está caindo, se a noite está caindo há séculos. Não sei se as ostras sentem dor, não sei nem se outros humanos sentem, embora eu reconheça o que os filósofos chamam de "comportamento de dor" entre meus entes queridos quando mudam as estações. Amarre os talos juntos com fio dental sem sabor e pendure-os de cabeça para baixo, mas deixe-os longe das janelas se não eles desbotam, o aço polido dá lugar à água pintada, um giro de fase, uma troca de frase, os deslizamentos liberam alguma energia e a colheita recai sobre mim. Um dia eu gostaria de trazer minhas filhas para o trabalho, mas não hoje. Hoje são flores de cristal com reforço interno de arames, um sistema de controle de vibração, o equivalente religioso disso, um trabalho de modelagem de vidro com maçarico que elas são pequenas demais para entender, e tem resultados muito suaves. Seus ninhos são de papel, elas conseguem distinguir os fragmentos dos favos de cria ou estranhos, os interesses entre as operárias e as rainhas divergem, esses são os três pré-requisitos para o canto, para a formação de cantoras que vão comer tanto carne quanto néctar, com que alimentam as larvas no ônibus a caminho de casa. Marcela puxa a cordinha amarela que sinaliza a parada, mas nunca com a força necessária, então é preciso ajudá-la sem que ela perceba, dizer ótimo trabalho. Diga ótimo trabalho ao mundo sensível se quiser incentivar o reencantamento, manter as árvores em contato com suas forças, as magnólias crescendo agora mais ao norte, por exemplo, em breve resistirão ao frio além da zona de rusticidade quatro. A forma como dizemos de nossos filhos que "eles pifaram" dando a entender que dormiram, isso me espelha, vidro macio vergando-se em campos extensos, uma falácia que cada geração reinventa e renega, reinventa e renega, um movimento oscilante. Do contrário você começa a misturar comprimidos e gim e seus amigos ficam discutindo se foi uma verdadeira tentativa, uma imprudência, um pedido de socorro, até que decidem que não faz diferença, é comportamento de dor, ele tem que ser internado, monitorado, financiado, musicado. Enfim, as meninas dormiram e eu posso falar. Estou só clicando numas coisas na cama, numa crítica de um homem chamado Baskin que diz que eu não tenho sentimentos e odeio arte. Através das persianas, consigo ver a ponta azul do cigarro eletrônico do vizinho piscando no escuro, um pirilampo frio. Os guaxinins estão deixando seus ninhos em sótãos abandonados para vagar pelas ruas de Kensington, mudamos de casa no verão passado, agora temos quarto de hóspedes, venha nos visitar. Nem acredito que não nos vemos desde o casamento dele.

As *leitoras*

O amor trouxe ao mundo essas leitoras
As estruturas em forma de taça
de seus olhos foram formadas
a cor herdada, e o amor
e a discussão devem ser conduzidos de modos diferentes agora
que os sons através da parede
são interpretados, e uma suave

e incessante pressão foi posta
na página. Paguei alguém para cuidar delas então
pude modelar estas vogais e uma
tem oito anos e me pede toda
noite para ler o que eu fiz
no que elas chamam de meu escritório
Tenho receio

de que elas entendam ou não, vejam
algo que convém
que não lembrem depois que eu morrer, a voz que
só em parte é minha deve ficar
longe delas. São tão triviais
os meus ofícios, tão íntimos, isso não é trabalho
Não posso levar minhas filhas pro trabalho

ou não trazê-las
aqui. Elas aprenderam a fazer a pausa
no fim dos versos, querem saber se eu conheci
Amanda Gorman, discutem
se é preciso rimar e o que a rima é

é diferença, segmentação, onde a ênfase recai
é ignorado. Então tenho

dois cadernos, um onde escrevo
para elas na meia
hora antes de buscá-las, enquanto este aqui tem um lugar
ou nenhum lugar que quebre, não sei bem o que
abra. Desejo que elas não podem
e vão conhecer, o sentido da posição falsa
pelo qual recebi recompensas, esta casa, a fantasia

que tive na idade dela de que meu pai tinha sido
substituído por um homem que se parecia com ele
é um clichê, as palavras
os rostos intercambiáveis
do pai. Mas logo começaram a se confundir
na minha mente
porque a rima que as minhas meninas

exigiram se espalhou, como tende a diferença
e a semelhança. Então li do caderno errado
o texto recém-trabalhado
e era este, as mudanças que fiz
foram estas, e o amor que dei
recebido. Embora não fosse canção nem jogo
elas cantaram e brincaram junto

O bosque

Então ela sugeriu que eu fizesse uma lista de todas as coisas pelas quais sou grato. Nenhum registro é banal ou insignificante: acesso à água potável, internet rápida, as cerejeiras que choram em flor. E você pode ser grato pelo que você não tem, ela explicou, como piolho ou daltonismo. Um amigo em Bellevue. Uma filha sofrendo. Estávamos sentados num banco do Cemitério Green-Wood, o mais longe possível um do outro. Era o fim de abril e eu pude reconhecer o canto dos pintassilgos ao redor em meio às sirenes constantes ao longe. Mas é importante que você escreva a lista à mão, há algo crucial no contato físico com o papel, o ato corporificado de deixar marcas, ela explicou. E cada frase deve começar da mesma forma — "Eu sou grato por" — a repetição ajuda a formar um sulco na consciência, para que, quando você estiver ocioso, sua mente se volte para a percepção das suas bênçãos em vez das ruminações sombrias que você está descrevendo. O trinado dos machos é lento e suave. Dura cerca de três segundos. Sugiro fazer a lista todo dia no mesmo horário, faço a minha de manhã, mas tenho clientes que fazem à noite, pouco antes de dormir, só uns dez ou quinze minutos de escrita, ponha o alarme no seu celular. Enquanto isso a mariquita-forneira, que tem esse nome porque seu ninho é em forma de forno, canta: *professor, professor, professor*. Eu estava tentando localizar a raiva em meu corpo, saudar a raiva para que ela se dissipasse, tentando não perguntar em voz alta: é isso que eu sou para você, mais um cliente? Em vez disso, perguntei: a lista é aspiracional? Posso listar coisas pelas quais *quero* me sentir grato, *deveria* me sentir grato, ou a gratidão, no momento da escrita, precisa ser um fato consumado, que se sinta? Ela me olhou para conferir se eu estava falando sério ou apenas dificultando, mas não virei a cabeça para olhá-la nos olhos, não queria ver o sorriso paciente, o diastema. Uma rajada de vento provocou uma chuva de flores brancas pálidas no caminho de pedra, mas o estoque de flores na árvore não pareceu ter diminuído. A raiva, que eu sentia alojada em minhas têmporas e na parte de trás do meu pescoço, agora se transformara na mais pura tristeza, que mora em meu peito. Pode ser aspiracional, ela disse. Aspiracional está ótimo. A palavra "aspiracional" realçou seu sotaque argentino. Ela tossiu duas vezes e eu imaginei gotículas no ar viajando da boca dela para a minha, ou entrando no meu corpo pelos meus olhos, caminhos para a alma, e isso me agradou, fiquei grato, me perguntei se teria uma ereção e, se tivesse, se conseguiria esconder dela caso ela se levantasse de repente e quisesse continuar observando os pássaros. Meu irmão é daltônico, eu disse. Ninguém fazia ideia disso até que num fim de semana fomos de carro para St. Louis e visitamos um lugar chamado Magic House, uma espécie de centro de ciências para crianças. Eu tinha sete anos e ele dez. Lá havia uma sala, praticamente uma galeria, onde exibiam vários daqueles "testes de cores" com círculos formados por pontos de tamanhos variados. Dentro de cada círculo, havia pontos de uma cor diferente formando um número que era invisível para pessoas com algum tipo de discromatopsia. Meu irmão ficava dizendo que não via nada nos círculos e, embora no início meus pais achassem que ele estava brincando, pude ver que de repente algo deu um clique neles. Quantas vezes tinham pedido ao meu irmão o marcador vermelho e receberam o verde. Quantas vezes o garoto perspicaz fora incapaz de circular o pássaro amarelo no exercício de matemática. Talvez seja por isso que, desde que comecei a olhar para pinturas, sempre acho que uma deficiência pode se revelar, minha experiência estética é matizada por essa ansiedade, da mesma forma que as flores têm matizes de rosa. Mas também lembro de ter ficado com muito ciúme do meu irmão, do seu caráter especial, da sua diferença, talvez porque meus pais, culpados por não terem diagnosticado o filho, sutilmente passaram a favorecê-lo por alguns meses, ou talvez por causa do que aconteceu em uma das salas seguintes da Magic House. Havia uma parede quase inteiramente coberta de cofres com fechaduras com códigos de números. Esta sala estava lotada de gente tentando combinações aleatórias, tentando abrir um dos cofres. Na parede havia uma lista das probabilidades de chegar à combinação certa para os respectivos cofres. A questão era que era quase impossível. E ainda assim essa era uma das salas mais populares da Magic House. É claro que meu irmão e eu ficamos imediatamente alucinados, tentando números aleatórios inúmeras vezes, recusando-nos a dar chance para qualquer outra criança usar o nosso cofre, embora o texto na parede dissesse que os cofres estavam vazios. Não sei quanto tempo passamos na sala dos cofres, que tinha o clima frenético de um fliperama, ou de pessoas jogando nos caça-níqueis, esse tipo de mania, mas num dado momento eu ouvi, me lembro de quando ouvi, o cofre do meu irmão fazer um aprazível clique. Todo mundo soltou gritos sufocados, depois caiu no silêncio e ficou vendo a porta pequena e pesada se abrir. Você está inventando isso, ela disse. E do fundo escuro do cofre irromperam sete tentilhões-papagaios de corpo verde brilhante e cabeça vermelha, pássaros que eu achava que meu irmão não podia ver, pensando, como eu pensava, que ser daltônico era não ser capaz de enxergar o objeto colorido, não apenas um aspecto da sua superfície. Se meu irmão estivesse aqui hoje, ele veria as pedras formando um caminho em meio a um espaço vazio, nada desse verde vibrante, e ele ouviria todas as notas do canto dos pássaros ao mesmo tempo. Virei-me em direção a ela de forma repentina, involuntária, e disse, com uma raiva inconfundível: Sou grato pelo daltonismo, pela falta de cones, pela figura oculta. Sou grato por você e sua família estarem se mudando para Buenos Aires por um tempo; tenho certeza de que você nunca vai ficar sem clientes. Ela me olhou com uma pena vagamente erótica, tomou um gole do chá de camomila no seu copo de papel, um copo que ela trouxe de casa, não de algum café, os cafés ainda não tinham reaberto, mas que parecia ter sido comprado, como se ela tivesse acesso a uma cidade aberta. Alguns anos atrás, ela começou, Luna teve piolho. Ela vinha coçando a cabeça há um tempo, mas só quando a escola mandou um e-mail relatando que havia piolho na turma do jardim de infância é que me ocorreu examinar. Quando vasculhei seus cachos pretos e volumosos com um pente de aço e uma lanterna, fiquei chocada: não só havia muitas lêndeas, pontinhos de tamanhos diferentes, mas também vários insetos vivos circulando na sua cabeleira. Senti culpa, mães são máquinas de produzir culpa. Tentei tirá-los com o pente e comprei aquele xampu antipiolhos. Ela dormia com uma touca de plástico, ficava muito fofa. Alguns dias depois, recebemos outro e-mail sobre a situação dos piolhos que persistiam, da "mãe da turma", que disse que agora muitas mães também estavam com piolho, que é isso que ganhamos com tanto chamego (emojis de sorrisos, pontos de exclamação). Mas eu não tinha nenhum piolho, embora o couro cabeludo de Luna fosse uma cidade aberta, e comecei a me perguntar se isso significava que não estávamos nos abraçando o suficiente, que eu não estava demonstrando muito afeto físico, o que parece uma loucura dizer, considerando que somos tão grudadas, mas na época estávamos tentando impor limites firmes sobre ela vir dormir na nossa cama à noite. Eu fui uma péssima mãe por não ter notado a coceira dela, os piolhos, uma mãe pior ainda por não ter pegado piolhos também, por ter banido ela da nossa cama. Tudo isso era sobredeterminado para mim porque piolhos — para meus avós e, portanto, para meus pais — representavam os campos nazistas. Se eu tivesse abandonado a minha família na Argentina; certamente teria abandonado o judaísmo; fui um fracasso como filha e estou fracassando com a minha filha. Não faça piada com psicanálise, Ben — eu tinha aberto a boca para falar — não estou abrindo uma discussão, estou descrevendo um sentimento. O xampu não funcionou, havia mais lêndeas do que eu conseguia remover, então pesquisei no Google o que fazer: descubro que todos os grandes especialistas em remoção de piolhos em Nova York são judeus ortodoxos, quase todos estão em Midwood, é fascinante, posso te mandar o artigo do *Times* sobre isso, aí eu simplesmente escolhi uma mulher que era a mais bem avaliada no Yelp. Naquela noite, fui dormir com a Luna, nem esperei ela vir para o meu quarto, e dormimos coladinhas. Você está inventando isso, eu disse. Eu queria que os piolhos me conectassem com meus antepassados e meus descendentes. No dia seguinte, quando a jovem — vestido longo preto, lenço cobrindo o cabelo — tirou um piolho do meu cabelo, segurou-o sob a luz, fiquei tão feliz que saíram lágrimas dos meus olhos. A mulher achou que eu estava com vergonha de mim mesma e tentou me confortar. Você tem muitas coisas pelas quais ser grata, ela disse. Sua filha linda, sua casa, água encanada, poder matar piolhos no Shabbat, embora seja um dia de descanso, uma exceção que decorre da crença dos antigos rabinos de que os piolhos nascem espontaneamente do pó. Ela tomou um gole do chá, que devia estar frio. Algo se mexeu no imponente carvalho atrás de nós dois, talvez um guaxinim atacando um ninho em busca de ovos. Olhei para cima e vi um avião se movendo lentamente no céu, um voo fantasma, um avião vazio ou quase vazio seguindo uma rota pré-estabelecida para que a companhia aérea possa manter os turnos de seus voos nos aeroportos. As listras brancas nas costas do pintassilgo têm matizes verde-oliva, as ruminações mais sombrias têm matizes douradas. A repetição forma um sulco.

Dilatação

1.

Temos que aproveitar a decepção vagamente erótica
 que surge no momento em que você percebe que não
 está sendo seguido,
as chaves apertadas entre os dedos, prontas para
 acertar os olhos
A imagem consecutiva da folha de ouro bizantina se
 dissolvendo nas árvores quando saímos do museu
 deve ser captada,
e o cravo delicado no céu na projeção feita no terraço,
e o vestido da recepcionista, explorando impulsos
 formativos

Se você for como eu, passa pelas portas automáticas do
 hospital e cai no calor ofuscante do estacionamento
sem conseguir lembrar a cor do carro alugado ou as
 exigências da razão prática
Você sai do metrô, vê que já escureceu e é difícil lembrar
 as reivindicações da geração anterior
por disjunção, você viu o filho de um diplomata turco
 cair do terraço de uma cobertura,
aninhado em um móvel do mostruário da Crate & Barrel
 do SoHo quando recebeu a notícia horrível

de um poema que deve datar de 1939, um discurso a uma
 posteridade adjacente
A sombra verde nos olhos e a inesperada gentileza da
 vendedora que me pergunta se estou bem devem ser
 captadas se quisermos

superar a inadequação e a apatia, os seguranças à
   paisana fechando o cerco
Você se sente por um instante emancipado da
   fragmentação quando o trem da linha D emerge na
   ponte de Manhattan,
luz polarizada verticalmente entrando na água, setenta
   e seis andares de vergalhões de aço que se recusam a
   ser atuais
todos ao mesmo tempo, levante-se e ofereça o lugar a
   um idoso que não está nem aí, ouça educadamente
   ele requisitar um teatro
que combine distância e empatia, falso proscênio
   iluminado para revelar
o valor evanescente, o cravo delicado atrás de um calor
   ofuscante

2.

Cheguei às cidades num tempo em que transmissões
  militares desviadas eram confundidas com sinais de
  vida alienígena, uma espécie de poesia
Cheguei às cidades num tempo em que todos exceto os mais
  pobres de nós tinham sido colonizados pela luz azul
Em meio a padrões climáticos cada vez mais extremos,
  cheguei às cidades, a água balançava no meu copo
enquanto o trem da linha G passava debaixo de
  mim, notas de cloro, quantidades mínimas de
  antidepressivos
Um jeito era enumerar as formas ruins de alienação do
  poder coletivo: respirar partículas quentes do Japão,

montes de dívidas, outro jeito era ir além do alcance dos
  amigos, internalizar uma alegoria,
rastreando a dilatação da aorta na altura do coração, um
  pequeno tremor na mão
Parte de mim quer dizer que há uma falsa retórica capaz
  de revitalizar o agenciamento crítico e parte de mim
quer louvar as sâmaras aladas do bordo, a distância
  percorrida desde a árvore-mãe,
mas quero sobretudo afirmar que são uma coisa só, real
  embora indefensável

como as cidades no tempo, girando enquanto caem
Meu papel na matança não desqualifica a beleza que
  vejo em todo tipo de chama protegida, pequena pólis
  votiva,

que eu coma enquanto outros passam fome não refuta a
    promessa de baixar a
iluminação sobre a plateia, a estranha plenitude do
    instante
antes da música, que eu faça ventriloquia ao me dirigir a
    você *é* o marcador da minha voz, fonte importante
de xarope de bordo e madeira ressonante, ao vivo para
    vocês
desde as elipses de compoteiras e vasos, o ar solene de
    uma obra-prima, suas notas de ozônio e de escape,
jasmim em quantidades mínimas, rastreando a
    dilatação de novas formas
de temporalidade privada na arquitetura pública,
    cortinas de vidro enquanto escurece

3.

O ideal é visível através de sua antítese como as pequenas
áreas de azul quente na pintura de base e essa é a sua
realização do fim de julho, desculpe, sei que você
esperava mais
Não vou passar sermão no menino que está com a chave
do hidrante sobre ter que conservar água para a
posteridade
até que me ocorra uma ideia melhor para a formação
espontânea de um público, por mais breve que seja
Quando você ler isto, se estiver perto o suficiente para
ler isto, se estiver lendo isto

uma ameaça à primeira pessoa foi reportada,
provocando sua evacuação, um pânico do qual você
deve tirar proveito
para compor um rosto, testar predicados contra,
caminhar até o Sunset Park e ver as pipas de leves asas
na hora mágica, quando a luz parece imanente ao que é
iluminado, o azul quente se dispersa
nas frestas entre os edifícios e o impresso, dá para
sentir a transmissão do conteúdo
O ideal é uma espécie de sujeito longitudinal em que o
poema é um bilhete informando onde deixei as chaves

e uma garrafa de vinho verde, o aumento do nível do
mar visível ao olho composto, imagem em mosaico,
efeito pisca-pisca

no qual os objetos precisam se mover para persistir,
   por isso a preferência das abelhas por flores que os
   ventos sopram,
por isso a analogia colapsa que nem colônia,
   provocando a evacuação, mas a capacidade formal
   de comparar ainda brilha
através de sua antítese, sinta o fracasso, a decepção
   vagamente erótica que mistura
distância e empatia, o cravo desbotando nas esteiras de
   fumaça, tentando conceber

em uma cama portátil enquanto a metrópole se desloca
   para o Leste
Acho que há uma forma de pedir desculpas tanto
   corporativa como encantatória que poderia
   convocar o futuro a quem implora por indulgência,
sonho herdado onde se pode pôr de tudo: azul antitético,
   verde predicado

O pistilo

Agora que nada foi feito
Antes, você pode falar do estigma
       do estilete e do ovário
Quarto verticilo da flor
Você pode deslizar a língua
Nos lábios do adormecido
Ninguém tocou
No seu cabelo, descreveu o quanto caiu
Agora você pode fumar
Dentro de casa, com suas filhas em volta
Janelas abertas para a primavera
Noites que ardem no inverno
Palavras como conchas
Transparentes presas nos olmos
       bordos e freixos
Eu ouço as pessoas
Porque hoje à noite tem reciclagem
Coleta de vidro
Enquanto lhe escrevo, o metal é vertido
Lentamente no molde, meu discurso direto
Porque é reciclado
A proibição contra
Sentir-se esmigalhado que nem pão
Acima do peitoril, a miragem inferior
Acima das calátides, pequenas cavidades
Impulsos passam, faíscas
       azuis surgem na escuridão
A quarta parede da flor
Se rompe na maturidade, libera

Um sentimento, o fruto folicular, espaço
Macio entre os ossos do crânio
Onde os sonhos tecem
Delicadas falácias, agora que as abelhas
O coral e o gelo, os narizes
Brancos dos morcegos, é hora
De escrever o primeiro poema em inglês
Cada linha a última, leve
       chuva virando vidro

A voz

Às vezes você tem que matar a abelha, diria meu pai. Às vezes, tem que prensar a flor. Os provérbios que ele citava faziam, no mínimo, tanto sentido para mim quanto os que minha avó alegava serem ídiche: Pulgas não são lagostas. Ele pode tornar o sonho maior que a noite. Depois que meu pai morreu, percebi que estava usando algumas dessas frases na minha própria vida. Eu não pensava muito no que elas significavam. Ninguém nunca me pediu para explicá-las. Uma tarde eu estava à toa com Emma — ela era tão cuidadosa que eu nem me preocupava com o distanciamento — e mencionei esse ditado da abelha e da flor, e ela perguntou: De onde você tirou isso? O que quer dizer? São apenas ditados. Expressões idiomáticas. Clichês. Acho que não, ela disse. Onde você aprendeu? E eu contei a ela. Foi então que percebi: O caminho azul nunca faz curva. Foi então que percebi, ou que percebi de um novo jeito, que estrelas não são campanários. Os substantivos são intercambiáveis. O sonho que prensa a flor poupa a abelha. Logo estávamos bebendo vinho tinto e pesquisando no Google esses ditados que eu achava que me conectavam com meu pai e, através dele, com a Ucrânia e o judaísmo, as histórias pessoais e coletivas; na verdade, nenhum deles era batido, nenhum tinha circulado, eram formulações somente dele, privadas e sem sentido. Tive vontade de rir e de chorar ao mesmo tempo. Meu pai era um poeta: criou um mundo para mim, uma tradição folclórica de brinquedo. Ou meu pai era uma fraude: de que outras formas terá me enganado? Ou meu pai era um comediante: ele sabia que no fim das contas eu iria descobrir e achar graça. E achei graça mesmo, fiquei rindo nos braços de Emma e ao mesmo tempo soluçando de chorar, assoando o nariz na camisa dela, talvez apenas saudoso do meu rídiculo pai. Da janela da casa dela, podíamos ouvir os manifestantes lá fora reunidos na DeKalb, mas naquela noite não nos juntaríamos a eles. Emma começou a inventar suas próprias expressões enquanto me abraçava, acariciava meu cabelo. Daqui a sete dias não é o futuro. Não coma nêsperas durante as vésperas. Uma íris tem sempre uma cor diferente da outra. No começo, ela se expressava num tom falso e altivo, mas depois entrou no clima, havia algo hipnótico naquilo, algo reconfortante. Quando eu estava meio dormindo, eu meio que acreditei estar ouvindo os manifestantes cantarem as expressões que Emma estava cunhando só para mim: Somos o vidro que cobre a ferida. A chuva entra no sonho como neve. A rosa é absoluta. Um canto responsorial entre o sussurro em meu ouvido e as pessoas nas ruas. Mesmo abafada por uma máscara, consegui distinguir a voz do meu pai.

O *circuito*

1.

Vamos supor que a gente atinja o corpo
com uma luz intensa, quer seja ultravioleta
ou só mesmo muito forte, vamos supor que a luz fosse levada
para dentro do corpo, o que se pode fazer
através da pele ou de algum outro modo
Vamos supor que a fonte de luz vá além
do corpo, formando uma franja escura
ao redor do centro vazio, um lugar tranquilo
abaixo do limite da audição humana
Quer fossem cantos de acasalamento de insetos
armas sônicas, sentia-se a pressão
do curto comprimento de onda, com uma intensa
Suponhamos, então, que estamos sonhando
violeta que se pode beber

pela pele. Eu estava na embaixada
sem o meu conhecimento, e relatei meus sintomas
Sensibilidade à luz, mal-estar, checando o telefone
O som seco de uma tosse no alto das árvores
e fui dispensado até verem as ultrassonografias
as sombras, era como se eu tivesse vivido
uma vida secreta enquanto dormia, os danos eram claros
a água batendo nas pedras, um banco de imagens onde
deveria haver memória. Eu ouvi
a chuva de granizo no teto do trem na rua 9
e na Carroll, mas quando desci na 15, o céu
não havia indício, só grãos de gelo branco
ao longo do meio-fio, nos postes de luz, na grama

no limite do parque, eu a vi e
ela me estendeu um punhado, Aqui
estou guardando isso para você desde o início da pandemia
e eu aceitei, senti como se fosse um calorzinho
de gelo que ela prensou na minha mão, gelo quente é alguma
    coisa
Tomei nota para lembrar, o aperto dela
é alguma coisa agora, e nos sentamos no banco
Ouvindo os ratos no canteiro
a música dos carros passando, e ela me perguntou
Tem algum jeito de fazermos algo assim com injeções
lá dentro, ou quase uma limpeza, como podem ver
aquilo entra nos pulmões e traz um intenso
conceito de luz, a forma como isso mata
em um minuto, é bem
forte. As pessoas deviam pensar nisso

2.
Estou tentando lembrar como era acreditar
em disjunção, non sequitur, injeção
entre as frases pode constituir
uma luta importante contra o império
digitando no dormitório, meu colega de quarto
do primeiro ano ficava chapado escutando
música clássica nos fones de ouvido
ele tinha cabelo verde, e uma noite chegou bem tarde
eu estava dormindo, e depois me senti atingido
por essas incríveis ondas de som, e injetei
os olhos dele estavam fechados, ele estava regendo
mas não tinha plugado os fones, e eu gritava
balançando os braços, mas os olhos dele
e então eu meio que relaxei com isso

Estou tentando definir o momento em que percebi
o que agora parece óbvio, que isso não
funciona em prosa, os discursos
publicitários em comícios, as negociações a jato
de pacotes de dívidas, uma das mais belas frases
no inglês estadunidense, que você faz campanha
com versos tradicionais, mas governa com piedades
de vanguarda a respeito de desmantelá-los, aquilo que
eu cresci pensando ser uma espécie de
cavalo de Troia similar a poetas com programas
danosos carregando seus dados na linguagem, um pequeno
mecanismo que trava o suave fluxo de
informações sobre as pedras, era na verdade

eu li a transcrição de um discurso da Sarah Palin
na Pensilvânia em 2008, em vez de ler no meu livro
eu estava dormindo, e depois me senti atingido
por uma fantasia branca, clássica. A questão não é que a obra
não seja boa, ou que o escritor não tenha
dívidas e táticas, mas que eu ainda estou quase lá
adoro esta frase, aceita
o fato de que a reação fascista e eu
éramos mimese daquilo a que eu achava que me opunha
digitando. A busca por novos compromissos
pela nova linguagem do compromisso
para habitar mas também recusar, insistir
no domínio da contingência, do acaso, ser desorganizado
pelo desejo, sem qualquer piedade nas artes
e além. Há pessoas pesquisando isso

3.
Gelo quente é alguma coisa
ser embaixador sem o seu conhecimento
é alguma coisa, a hora violeta do império é grandiosa, mas
    existe
quando a luz solar residual adquire um tom em que predomina
    o azul
e não há sombras
nítidas no rastreio
uma hora (que não dura uma hora) em que o brilho
do céu combina com os postes de luz, janelas acesas
e mais luz se espalha pelo corpo
e o corpo fica avermelhado e suave por uma
breve janela de tempo é uma das
mais belas expressões que mudam de
fase, valência
eu ainda acredito

na capacidade de absorção, não para ser purificado
mas para ser igual por um tempo
como dizem as crianças, peraí
e ainda sou as crianças aos quarenta
e dois, ainda estou relaxando ao pesquisar isso
passa por mim e me atravessa, deixar passar e esperar
no momento da composição, ficar tenso
e relaxado, pronto para se mexer, ficar mexido por isso
seja lá o que for, uma abertura
ao longo do meio-fio, no poste de luz
que é social, um minicircuito

uma pequena corrente que flui
do emissor à base
ao cair da noite entre as frases

e as pessoas
atingidas nos pulmões

A *teoria*

Vi o padrão de drenagem dendrítica produzido pelo der-retimento da neve em fotografias espaciais e vi o mesmo padrão em meus pés. Depois do funeral do meu tio, usan-do o cachecol dele, olhei para baixo, para o rio Charles, e vi aquele padrão no gelo. Uma estampa com formas que pareciam lágrimas sobre a seda azul-escura se despren-deu do cachecol e agora está ao meu dispor, quando fe-cho os olhos. (Minha tia disse que o cachecol me caía bem, deixando padrões carbonizados, ou "marcas", no meu pescoço.) Vi desde o simples prisma hexagonal até uma ampla variedade de formas simétricas crescendo enquanto caíam, peguei-as com a língua, as proteínas spike da neve se ligam à memória, produzindo certa imu-nidade, que depois se esvai. Uma vez vi uma exposição de itens sensíveis demais à luz para serem exibidos e cho-rei o tempo todo; na verdade, vejo-a todas as manhãs, cristais dendríticos de sal na lágrima ampliada. Conheci uma mulher que tinha aquele padrão de ramificações ta-tuado nas costas, que é onde ele aparece naturalmente se você for atingido por um raio (depois vai sumindo), e co-nheço uma mulher (Emma) presa num terrível triângulo com a mãe e o irmão, sempre brigando com ela por causa dele, uma estrutura cristalizada, o hábito cristalino do rapaz, e sobrou para mim a tarefa de buscá-lo no JFK. Ele desembarcou atordoado, provável efeito do Xanax, e partimos de carro em silêncio — janelas entreabertas apesar do frio — de volta para Fort Greene, para o apar-tamento que estava vazio, onde ele poderia passar um tempo; só precisava cuidar do gato. Liguei o rádio e estavam falando sobre o Capitólio, e em seguida ele despejou uma torrente de palavras, que fluíram sobre as rochas duras e macias que havia entre nós. (Aqui pode ser útil imaginar uma parede de tijolos com algumas rachaduras aparentes. O discurso desgasta a rocha macia e envolve a mais dura.) Tudo tinha relação com o estado paralelo, a limpeza e as migalhas, as gotículas escapavam pelas bordas da máscara cirúrgica. Fiquei focado no padrão rítmico de sua fala, ignorando o sentido, e foi por isso que, quando estava dobrando a Tillary Street, demorei a me dar conta de que ele agora perguntava sobre meu tio, expressando suas condolências, expressando — pela primeira vez desde que o conheci há sete anos — uma consciência do estado emocional de outra pessoa. Fiquei tão comovido com esse lampejo de empatia que minha voz falhou quando respondi, e ele provavelmente confundiu isso com a tristeza pelo meu tio. Ele era físico, eu disse. Estudava simetrias escondidas, seja lá o que isso for. Enquanto eu falava, observei o cachecol azul ao redor do meu pescoço. Ele estudava interações fracas. Formulou uma pergunta premiada sobre a matéria escura. Ele amava profundamente a sua irmã e comprou dois quadros dela, antes de se tornar famosa. Na verdade, ele tem, ele tinha, aquele grande retrato seu em que os desenhos da sua camisa, que lembram palmeiras, começam a vibrar, a flutuar. (Os veios da madeira, as formas serpeantes de folhas ou ondas, os desenhos nos tapetes, a repetição imperfeita dos tijolos na parede que pedi para você imaginar, os guias de néctar nas orquídeas — as superfícies de Emma se desprendem, mas não ficam chapadas nem formam uma porção de fragmentos; os padrões livres ficam pairando naquilo que parece um espaço habitável.) Lembro quando ela pintou, ele disse. Não sei para que tive que ficar lá o dia inteiro, já que as pinturas dela não se parecem com o que está à sua frente. Eram férias de verão, então ela estava em casa de volta da faculdade, e eu supostamente deveria estar fazendo um curso online de ensino médio. A única maneira de ela conseguir que eu o fizesse foi levando uma TV para o ateliê — que era a garagem, que antes era o escritório do meu pai — para que eu pudesse assistir às aulas enquanto ela trabalhava. Ela não pediu autorização da minha mãe nem nada, foi lá e fez, levou uma cadeira, uma mesa e algumas outras coisas para a garagem, ela basicamente desmontou a sala de estar e a remontou lá fora e, quando a minha mãe chegou do trabalho, viu o que ela tinha feito e surtou. Então, por alguns dias, fiquei sentado diante da TV e minha mãe volta e meia ia até a garagem para gritar com a minha irmã, e minha irmã a ignorava e continuava pintando. Por fim, minha irmã expulsou minha mãe da garagem, só que agora a garagem tinha virado a sala e, quando ela acabou de pintar e colocamos as coisas de volta dentro de casa, já não parecia mais a nossa casa; parecia um cenário. E depois ela simplesmente voltou para a faculdade levando o quadro, e a gente teve que viver numa casa onde o espaço era reversível, sentar-se era posar, falar era atuar, e até a comida era um acessório, então eu precisei burlar a absorção com liberação prolongada, triturando, cheirando, e por fim injetando gotas e migalhas, as rochas macias entre nós, selando a rede de rachas na minha voz, perseguindo as rachaduras enquanto se ramificavam. Porque — sem querer ofender o seu tio — quando se olha para dentro da caixa, o gato deve estar vivo *ou* morto, não vivo *e* morto; eles ensinam sobreposição quântica mas esperam que a gente funcione no espaço euclidiano, e depois nos acusam de estarmos distantes, nos forçam a fazer esses passeios de bote em corredeiras para adolescentes problemáticos, tentam forçar cada um a falar sobre seu pai ao redor de uma fogueira. Há diferença entre uma fotografia tremida e uma fora de foco, entre um instantâneo das nuvens e um da névoa. Há uma diferença nas trajetórias dos gêmeos, e eu sou o sujeito com os pés na terra no referencial de inércia que está pendurado na sala do seu tio no MIT. Embora estivesse dirigindo, escrevendo, fechei os olhos e estava tudo à minha disposição: as nervuras da folha e da asa do inseto, a figura de Lichtenberg na relva onde ocorreu a descarga elétrica, a delicada fissura no vidro azul, a rede vascular sob o fundo escuro das pálpebras, as espirais áureas autossimilares, os padrões fractais na superfície dos rios e nos neurônios, as redes em forma de favos de mel, os hábitos, todas as belas conspirações, que significam "respirar junto", o antigo sonho da poesia. Quando chegamos, estacionei em fila dupla, abri o porta-malas e ele pegou a mochila. Emma tinha mandado mensagem dizendo para tocarmos a campainha do apartamento do terceiro andar, que alguém ali nos levaria ao apartamento térreo onde seu irmão ia ficar, mas, quando toquei, ninguém apareceu. Liguei para Emma, mas ela não atendeu. Fazia muito frio e o casaco dele não parecia aquecer o suficiente, comecei a me preocupar com o que faria se não conseguisse falar com ninguém — não havia onde deixá-lo, nada estava aberto exceto a bodega, onde eu imaginei os vírus suspensos no ar como uma cortina de continhas invisíveis. Toquei a campainha de novo e mandei mensagem para Emma, e fazendo isso me perguntei por que era eu que estava tentando entrar em contato, e não o irmão dela, que tinha quase trinta anos e estava ali parado em silêncio, estranhamente imune ao clima, com expressão indecifrável por causa da máscara, mas provavelmente chapada, insossa. Percebi que eu estava empenhado demais, o que o encorajava a não se empenhar nada, que meu cuidado excessivo o infantilizava, e que minha raiva crescente de Emma — por que sua primeira opção foi me pedir para buscá-lo em vez de pegar meu carro emprestado para ela mesma ir, como ela podia estar inacessível justo quando ele precisava se instalar — indicava que um triângulo estava se formando. (Algumas pessoas, usando uma estrutura chamada simplexo, tentaram dividir o próprio espaço-tempo em minúsculas partes triangulares, propondo uma teoria de como a construção do espaço-tempo evoluiu, como começou a se desfazer em flocos e cair como neve.) Então decidi tentar honrar a competência e a capacidade de ação dele perguntando o que achava que devíamos fazer, se tinha alguma ideia de como contatar sua irmã ou entrar no apartamento, mas ele só deu de ombros e pegou um cigarro eletrônico. Escuta aqui, eu queria dizer para ele, acho que pode ser útil imaginarmos cada célula do nosso corpo como uma cidade, uma cidade com seus próprios trilhos de trem, linhas de ônibus, usinas de energia, bibliotecas e escritórios onde nossos retratos ficam pendurados sobre as mesas de trabalho dos físicos, os papéis espalhados nas mesas dando a entender que eles logo estarão de volta para retomar os cálculos. Porque — se imaginamos o universo como uma estrutura em favo de mel infinita, composta de tais células — algumas delas logo *vão* voltar, todas as possibilidades devem acontecer. Mas também há padrões que migram entre as células, o padrão ramificado no papel de parede de uma delas pode acabar no gelo de outra, e as assinaturas flutuantes que atravessam células, mundos, são, para quem as observa, sinais de possibilidades. Isso faz parte da sintonia em que a sua irmã nos coloca quando ela libera o padrão da superfície e nos convida a articular o espaço, e vejo que isso doeu para você, que o retrato dela dá mais atenção à sua camiseta do que ao seu rosto. Não acho que você esteja errado em sentir que não o veem. Pintar é, em parte, um mecanismo de defesa para ela: uma forma de olhar e desviar o olhar ao mesmo tempo. (Ela é assim em relação à morte do seu pai. Diz que tem certeza de que a bem dizer o acidente foi suicídio, algo que sua mãe nega veementemente, mas depois nunca pergunta nada — dos amigos que estavam com ele, dos policiais, médicos, outros hóspedes do hotel — que pudesse aproximá-la do que de fato aconteceu. Costumávamos brigar por causa disso quando éramos um casal.) A abstração é importante, a abstração é necessária, caso contrário não conseguimos observar as formas — uma elipse, um triângulo — que estruturam a experiência, fornecem sua rede, mas ela pode ser fria, como as estrelas são frias, luz bela e fria que faz a curva ao redor do sol, mudando a localização aparente da estrela, um problema de medição, prosódia, o antigo sonho de conspirar (o carro apitou e as luzes piscaram duas vezes quando o abri) — um sonho, não uma teoria. Mas na verdade eu só murmurei qualquer coisa sobre ter que ir para casa, sua irmã com certeza vai aparecer daqui a pouco. Quando entrei no carro, ele levantou o braço lentamente; eu não soube se o gesto significava tchau ou espera. Hoje acho que significava tchau e espera.

Os castanheiros

Como uma árvore muito mencionada
No diário de uma pessoa importante
Uma árvore lutando arduamente na tempestade
Para ser literal, como os atores de caracterização
Que ganham novas vidas nas séries
As árvores ao longo do rio
De uma espécie comum no mundo temperado
Posso andar numa boa sob as suas flores
Condiz com os meus valores olhar para cima
Os traços foliares deixados
Nos galhos, o que quer que sejam
As flores têm uma qualidade já vista
Que associo a objetos sob o sol
E sou um
Que ouve "as bancas verdes de livros"
Como uma frase completa
Do tamanho de um punho, o livro repousa
No peito, a decadência nova-antiga
Seu tempo rápido-lento
A chegada cedo ao atraso
A precocidade me prometeu
O crepúsculo ou os efeitos do crepúsculo
As lâmpadas de arco voltaico piscam no
Sentido abstrato
De roçar

Sem título (tríptico)

Talvez seja necessário trabalhar de trás para frente
a partir das marcas de ferramentas e defeitos no tecido
onde o céu está pintado, inspecionar as dobradiças
que unem os três painéis do céu; ainda assim, pode
também ser necessário avançar no trabalho,
protegendo o que não existe da decomposição
efeito de luz por efeito de luz. A plaquinha diz
que a perspectiva é reinventada nesta pintura,
que aqueles anjos simbolizam uma revolução na
representação de anjos, mas os halos
não ocupam o espaço real, tudo o que sempre quiseram,
me refiro aos pecadores sobre quem Deus derramou chuva,
chove fogo. Um restaurador deve estar preparado
para trabalhar na chuva ou em condições inclementes,
trabalhar numa instituição, primeiro uma local,
depois mais distante, como o seu amor,
se vamos nos revoltar contra as convenções
que determinam que doadores sejam retratados ao lado de
anjos, que marcam as transições históricas.
O texto diz umas coisas sobre a procedência
que não consigo entender, mas "legado" me lembra que
ando querendo deixar de herança uma inovação,
uma pequena inovação numa tradição menor
como esta aqui, talvez o modo como estou manuseando
partes da borda direita, onde a velha luz
se espalhava, se espalhe. Estou aqui esperando
os resultados dos exames, mas sei que não terei sinal nas
alas medievais, como se as pinturas parassem
o tempo, tudo o que queriam do seu veículo,

até ou especialmente quando este era
o tempo, como na música. Conhece música?
Composta e executada para muitos propósitos,
popular no mundo todo, no passado era
religiosa, e, embora na época eu não soubesse,
eu ouvi um pouco, eu ouço, enquanto hoje a maior parte
das pessoas vivas apenas viu. Aqui estou
encaixando dois sonhos: o sonho do poema,
depois o sonho do poema sobre esse sonho,
aquele que você escreve ao acordar, publica em
edição limitada cheia de gravuras coloridas, mas
você não consegue realmente unir os dois, os sonhos,
não sem que se decomponham em prosa, então
você escreve dois romances, esperando resultados
talvez seja necessário trabalhar de trás para frente.
Se aqui tivesse sinal, eu teria retorno de uma empresa
qualquer, da mesma forma que Rilke teve
do torso de Apolo, só que desta vez
é um corpo sem cabeça e com voz entediada
e você voltou ao Metropolitan para se esconder
da experiência. Na parte de trás das pinturas,
sinais da experiência são visíveis, restauradores
datam eternidades. É algo cotidiano,
se você é um restaurador, restaurar uma revelação
atribuída a um discípulo e depois devolvê-la ao depósito:
os porões estão cheios de virgens alarmadas
por uma visão súbita, como se Gabriel tivesse trazido
os resultados dos exames. E trouxe: você está grávido.
Mas sou virgem! Mas sou menino! Eu não
existo! Não importa: eles podem levar o trabalho adiante,
podem retratar a sua crucificação à direita
enquanto à esquerda você está prestes a nascer,

nem você nem mais ninguém dentro
do quadro sabe, a menos que você seja pintado
por um mestre; mestres antigos podem sugerir
conhecimento em um halo. Você não pode ver
seu próprio halo, ele vem do futuro,
é sinistro perceber que você observa de dentro
da pintura, que se piscar você racha
e ainda assim temo que seja por isso que estou ligando.

Muitos problemas teóricos envolvem a conservação
de obras feitas de substâncias orgânicas: gordura,
matéria vegetal, merda e sangue, poeira,
lascas de unhas do pé, chocolate, e a verdadeira
forma de uma obra talvez seja esfarelar-se, apodrecer,
ou do contrário registrar o tempo, do jeito como
eu sem querer elogiei as partes danificadas
pela água quando visitei um ateliê depois do furacão Sandy
ou o sonho que tive de estar na sala
quando tiraram da tomada o *Ice Bag — Scale C*
do Oldenburg, uma escultura cinética
difícil de restaurar, mas fácil de reproduzir,
um modo de destruição. Está chegando a hora
em que o médico entra na sala e diz
não podemos restaurar você, mas aqui está um folheto
explicando sobre a reprodução e o custo, ou
que já passou da hora, não me mantive a par
desde que Lucía nasceu, e agora estamos
esperando outra, não outra Lucía,
outra menina, está prevista para o fim de junho,
uma cesariana planejada por várias razões
que Ari não gostaria que eu pusesse em um poema
embora ela saiba que poemas são ótimos

lugares para fazer a informação desaparecer,
se dissolver. Será que eu deveria me incomodar que
　"Planejamento
C" seja o nome de um formulário de impostos onde você
　lista
receitas e despesas relacionadas ao seu trabalho
autônomo, e que é usado por empresários independentes,
pintores, escritores? É claro que sim: uma cortina
a separa enquanto eles trabalham, não posso deixar de
　pensar
em como os mágicos — homens — serram mulheres
ao meio e ainda assim as conservam. Uma linha tênue,
de cicatrizes mínimas, entre restaurar
um objeto comum e fazer um novo,
e agora muitos artistas estão projetando obras
que para serem executadas exigem tecnologias futuras,
como impressoras 4D, então o que se conserva é virtual:
é o que penso tanto dos poemas quanto dos romances,
a principal diferença está nas deduções, como e quanto
você retém do real e por quanto tempo. Oldenburg já
　morreu?
O Google diz que não, ele tem oitenta e seis anos no
　momento
em que escrevo, mas é melhor você checar
no momento da sua leitura, porque
envolver o artista, consultar suas intenções
é só uma das questões em torno da obra
que ocupa espaço e/ou existe no tempo,
sujeito à tributação. Não tenho sinal
no Monte Sinai, lembro disso do nascimento da Lucía,
vou ter que mudar de assunto, voltar ao mundo para
　enviar

ou receber resultados, é engraçado que não se possa
receber ligações da instituição quando você está dentro
    dela.
Aqui um folheto sobre o banco de sangue do cordão
    umbilical:
não consigo entender o que diz sobre a procedência.

O artista desejava um veículo que pudesse unir
partículas coloridas entre si e ao suporte
sem suprimir a vivacidade durante a secagem,
uma versão do desejo mais antigo: alcançar
a identidade através da dissolução, como o absinto
derramado sobre o açúcar. Poderia ter funcionado
por um tempo, mas o problema é que o azul,
de todas as cores, é a mais histórica:
um azul pode mudar de sentido em uma hora
que dura anos, minha definição de uma era,
não que eu vá ser consultado sobre a nossa própria
transição. Aqueles sombreados sugestivos
que admiramos por séculos afinal eram
consequência da fumaça de velas e do verniz
de cola, foi o que disseram os restauradores que
produziram solventes agressivos para remover
o que supunham ser substâncias estranhas.
Agora nos dizem que a nova modelagem tonal
destruiu os efeitos esculturais que desde sempre
nos dissolviam, e tínhamos razão em sentir isso:
um extenso drapeado caindo na
parte inferior da perna esquerda já não tem
um caimento gracioso do joelho para baixo,
em vez disso emerge de forma abrupta na canela,
um crime menor, mas contra a humanidade.

Um azul que mudou padrões do modo de pensar,
se não padrões de pensamento, porque uma geração
de estudantes religiosos recebeu, está
recebendo no Brooklyn enquanto escrevo isto,
o primeiro poema que menciona minha filha
pelo nome, a menos que vire um romance.
Se virar, enxague bem os sais eflorescentes
para revelar um poema de vivacidade imprecisa
que compus sem o meu conhecimento, assim como
algumas pessoas dirigem dormindo com Zolpidem,
o hipnótico mais prescrito nos Estados Unidos.
O azul dos comprimidos, o azul dos links, as duas
linhas azuis que indicam a sua gravidez,
o lápis-lazúli extraído no Afeganistão
triturado para compor as vestes de um doador:
nenhum desses teria parecido azul
para os povos antigos, que não viam a cor,
ao menos é o que diz um grupo de pesquisadores do MIT
como você deve ter lido na internet.
Se for verdade, não podemos restaurar a arte antiga
sem fazer delicadas cirurgias ópticas
que o seguro não vai cobrir, o que significa
que apenas os ricos poderão arcar com
a cegueira clássica. Você podia dar conta
de uma, mas não de duas criaturinhas, pelo menos
não no Brooklyn, a menos que se volte para
um gênero de ficção: estranho pensar que o futuro
do passado depende de sagas de vampiros, pornografia
leve, problemas do primeiro mundo, poemas sobre
morte e impostos na chamada falsa primavera. É melhor
ser replicado do que restaurado a partir das configurações,
do mundo ou da época errados, mas o melhor é

ser impresso camada por camada num leito
granular, sinterizado a laser, ou não ser executado.
Onde você estava quando descobriu que as estátuas
de mármore branco no passado eram pintadas
de cores chamativas, que o Partenon parecia
um campo de minigolfe em Topeka?
Eu estava no pátio de esculturas romanas, evitando
os resultados no meio de heróis enucleados, Fúrias
poucas horas antes, e pensei que teria
preferido receber essa notícia
de um poema, não de um audioguia ou uma plaquinha.
Alguém deveria informar ao século XVIII
que estão baseando seu revival em sombras
projetadas, assim como deveriam dizer a Homero
que o mar é de uma cor entre o violeta e o verde
que poderíamos restaurar a visão dele com laser.
O problema é como dar a notícia
de uma forma que a dissolva em sentimento
de que os rostos possam se tingir, e para fins de
conservação o céu é o rosto de uma era.

Hoje concordei em doar todos os meus órgãos,
exceto as válvulas cardíacas, embora sejam as córneas
que eu gostaria de deixar pro futuro, não porque
eu seja incrível focando ou refratando a luz,
mas só porque gostaria de ser o meio por onde
as ondas entram a caminho do sentimento, além disso
um doador traz um desafio formal interessante
já que o pintor deve retratá-lo tanto ao lado
do anjo como a um mundo de distância, seus corpos
sujeitos a leis diferentes, embora a palavra
"anjo" agora possa significar doador, confundindo

intercambialidade com translucidez. No início,
eles eram retratados em uma escala menor
do que as figuras principais, comprometendo
a perspectiva linear, com o tempo foram
integrados à cena, mas não tinham permissão
para tocar em nada, embora uma Madona
pudesse olhar benevolente para um banqueiro
para sempre ajoelhado em primeiro plano. Para sempre
não é a eternidade: para sempre é dentro do tempo,
enquanto a eternidade transforma grandes cúpulas
em vórtices de nuvens em espiral ascendente,
dissolvendo o teto, restaurando-o para Deus
que vê o futuro como vemos o passado:
pintado, o que deve ser confuso já que
"o futuro é digital", como diz o cartaz do
departamento de veículos, onde não tenho sinal,
"um futuro sem filas". Segundo a Wikipédia,
antes do século xv, a semelhança física
pode não ter sido pretendida ou alcançada,
só mais tarde os doadores passaram a ser retratados
cuidadosamente, como figuras históricas e não como,
qualquer que ele seja, o oposto de uma figura histórica,
um anjo? Whitman? Homero? "As filhas em particular
aparecem com suas belezas padronizadas conforme o
estilo da época", é o que ninguém diz numa página que
qualquer um pode editar ou restaurar. Ela tem os meus
    olhos.
Seu nome não se deve à santa padroeira
dos cegos cujos restos mortais foram roubados
de Siracusa, o que em parte explica a encomenda
a Caravaggio — que recém-escapara da prisão —,
de um retrato do enterro dela, escolhemos seu nome

pela própria luz, embora nem os nomes nem a luz
se comportem assim ao longo do tempo. É possível trocar,
o mecenas sugere, corpos e quadros,
cumprir a pena pintando o retrato, suspender
sentenças e chegar ao objetivo, mas você não pode
   controlar
as doações, seus esforços poderiam acabar
promovendo um rosto em que você não acredita.
As pessoas podem ser pagas pela doação de
espermas ou óvulos, sangue ou plasma, mas é ilegal
vender órgãos, do contrário os ricos encomendariam
aos pobres não encarcerados, ao passo que hoje
os ricos encomendam de qualquer um, até
de criados, discípulos, assistentes, tantas vezes
encarregados da pintura preliminar do céu, mas quase
nunca acusados de retratarem a fecundação
através da luz verdadeira ou da música virtual
que não podemos tocar a tempo, seus instrumentos
ainda serão inventados, e mesmo assim você
a escuta "tanto no futuro como no passado",
uma tranquilidade transmitida ao vivo nas
margens, nos meios. Tarde demais para restaurá-la e
cedo demais, mas está sempre sendo conservada
de maneira imperfeita para o futuro num poema
lido para frente e para trás ao mesmo tempo

de maneira inaudível. Um raio-X descobrirá
um retrato oculto ou contestará uma atribuição
no meu corpo, ou então a radiografia revelará
que não há pentimento, o que sugeriria que sou
uma cópia, de qualquer forma agora estou ligando
de fora das instituições, alto-falantes

quebrados sob uma cerejeira chorona
perto de Flatbush, a sequência de assobios em tom
descendente de um cardeal-do-norte, marteladas à
média distância, a polícia circulando sobre nossas cabeças.
O fato de que eles podem pairar sobre a apresentação
ao ar livre, mas não podem entrar no teatro
invisível, indica que a primavera é uma grande
manifestação contra a lei, a peça em si
não vem ao caso, os atores são quase todos crianças
do bairro, seus halos feitos com limpadores de
cachimbo e ouropel. Os músicos mais jovens
continuam vagando de volta para a história onde,
resgatados por um responsável, são restaurados
ao coro, depois voltam a vagar:
Li sobre as polêmicas contra a figura
da criança, concordo que os futuros disponíveis
que elas terão que representar precisam ser dissolvidos,
concordo que nem cabe a mim concordar,
que pertenço em grande medida à ordem marcada
para destruição quando a revolução
em perspectiva for alcançada, mas o amor
com que trabalho não é genético, mesmo que substâncias
orgânicas sejam usadas, o cheiro da micro-
flora desabrochando no solo quando o revolvem,
está se revolvendo. A primavera é uma grande
manifestação retrocedendo no ano, então agora
fica mais tarde cedo, manifestação contra os
resultados dos exames e as medidas recomendadas, séries
de ecos, ultrassons periódicos. O parapeito existe
para conectar o mundo fictício do sagrado
com o mundo temporal em que o vemos,
mais impressionante é como o limiar

da primavera é queimado em alguns lugares: você
percebe como o artista trabalhou a partir de fotografias
não tiradas na época, que o afeto aqui aguarda a
experiência na forma, como a cor numa palavra que
defina a cor, ou como um nome próprio que você não
se torna, mas em torno do qual é moldado? Sim
e não, para frente e para trás, cerca de arame
com flores cor de vinho que eu preciso impedir
que Lucía coma, não, são comestíveis,
acabo de ver no Google. Minha expressão triste
não revela qualquer conhecimento prévio, muito menos
sobre o que está acontecendo num painel à minha esquerda,
à direita do espectador, "ele é apenas um doador",
como todo mundo, minhas feições como
se fossem dinheiro dormindo. Está chovendo agora,
não está, ou está chovendo no futuro perfeito
próximo quando o poema for acabado
ou contínuo, terá sido concluído quando
descobrirmos como a chuva pode ser retratada
sem lentes ou janelas, já que tudo isso
aconteceu quando o vidro era raro e a chuva
às vezes era fogo, embora faça calor suficiente
para deixá-la brincar lá fora por um tempo agora
que parou. No futuro havia tempos verbais
para expressar como é estar vivo hoje
então não precisaremos de nomes, mas por enquanto,
embora a raiz seja guerra, eu gosto de Marcela,
Chela para os amigos, e uma amiga das minhas
filhas é como penso em você, lendo
um poema no qual você está dos dois lados como
um pintor da corte durante uma transição histórica,
a restauração que a primavera quase sempre é.

Contre-jour

A luz que muda
a luz que se apaga
quando você passa embaixo dela
O cruzamento perigoso
e a bicicleta fantasma
A luz que afinal era chama
e a lâmpada feita
para bruxulear. Obviamente
as luzes da cidade, o cordão
de luzes das pontes, as luzes dos aviões
são parte disso, especialmente
se piscam ou
se apagam

Vela mágica
brilhando no bolo, estrelinha
brilhando, gaultéria
na boca, seu discurso
em decomposição, a chama
do cano enquanto perseguiam
Victor Serge pelos telhados
O azul-neve na luz
e os manuscritos em chamas
e Paris, a cidade
luz que muda
na boca
Eu queria ter sabido

que você era fã da luz
teria guardado um punhado para lhe dar
A luz da lua no concreto da calçada
reservada para você, em fábricas
em prisões, obviamente
e Moscou pegando fogo obviamente
na garganta deixei
uma luz acesa para você, Victor Serge
no século passado, século dos últimos
cigarros, a queda de
luz emana, a luz
        fria do organismo
vivo

        no mar
aberto, em Oakland, algumas
pinturas antigas. Já que se dispersa
como as cinzas, pensei que eu pudesse cantar
Porque se morre muitas vezes
no México, sem um tostão
Sem um tostão na Espanha
pensei que eu pudesse falar
abertamente com você nas fotografias
Se apareço é porque obviamente
não tenho um tostão, pois a aparição é
        o último recurso
da luz

        Victor Serge
em suas cartas, nas traduções
Nossa liquidação foi preparada
e se chamarem o seu nome

estou de mãos atadas, meu papel se limita
a passar pelo
vidro, deixar que o vidro curve
a luz pelos cantinhos e
pelas asas translúcidas, *espejitos*
é seu nome em espanhol, mas a Espanha
se perdeu
        Espelhinhos
de bordas

       opacas
Deixa eu dizer só uma coisa
sobre como tudo está perdido
uma coisa óbvia sobre a ameaça
do brilho do céu e a necessidade de
oásis escuros, e será que Serge
poderia ser citado, viajando em velocidade
constante cruzando objetos opacos como
estas páginas, ou será que isso
seria cantar, porque como as cinzas
quando você passa por baixo delas
       porque como a neve
sistemas azuis

O *coro*

Sendo o único judeu da turma, sobrou para mim a tarefa de apresentar a única canção de Hanukkah incluída no concerto anual de inverno da Escola Primária Randolph. Tudo o que eu precisava fazer era me dirigir ao microfone, dizer o nome da canção anterior (que era "Noite feliz") e o que viria a seguir (Agora com vocês "Hanukkah, Oh Hanukkah") e depois voltar para o meu lugar na arquibancada de metal que haviam montado na cantina para a apresentação. Eu não era uma criança tímida, mas essa tarefa me deixou absolutamente apavorado, e me afligi por semanas antes do concerto. Assim que eu soube quais seriam as canções, comecei a passar noites em claro ensaiando, repetindo tantas vezes as palavras que o sentido se dissolvia. Às vezes eu acordava meus pais e dizia a eles, com lágrimas nos olhos, que não conseguiria fazer aquilo, que dessa vez eu estava com muito medo, e eles carinhosamente me lembravam que eu dissera a mesma coisa no ano anterior. Benner, meu pai dizia, você sempre se sai muito bem. Benner, é importante participar. Agora que sou pai, imagino que eles discutissem se era melhor falar com meus professores e me livrar desse fardo ou se eu precisava enfrentar os medos, ganhar experiência. Não estou criticando eles, mas é horrível se apartar de um coro, dirigir-se a uma plateia de adultos, e depois voltar para o grupo e cantar, embora eu, na verdade, só mexesse os lábios, com medo de que minha voz chamasse atenção. Há sempre uma lacuna entre as canções, entre as tradições, e uma criança precisa construir essa ponte (senão haverá violência); é disso que as próprias canções tratam, se prestarmos atenção. Eu amo aquela canção popular em que a cantora fala sobre como as suas lágrimas são encobertas pela chuva, a canção do individual e do coletivo, do lírico e do épico, e adoraria cantá-la para vocês agora, mas não posso; tudo o que posso fazer é apresentá-la, reapresentá-la como se fosse uma espécie ameaçada de extinção entre os amieiros, os álamos entre nós. Era "The Little Drummer Boy" e isso é a sensação se comportando como um líquido, assumindo a forma de seu recipiente. Meu treinador de arremesso na liga infantil de beisebol, Bob Lolly, foi a primeira pessoa a me chamar de Benner. A liga era extremamente competitiva e séria. Será que um garoto de nove anos realmente precisava de um dedicado treinador de arremesso, de uniformes para jogos em casa e fora de casa, de bonés personalizados com as iniciais bordadas? (Bob Lolly era uma figura muito importante para mim porque ele sempre dizia que poderia me ensinar a lançar uma bola curva indefensável, mas que não me ensinaria, porque isso iria prejudicar a evolução do meu arremesso e arruinar as minhas chances no esporte a longo prazo.) Nossos jogos eram rituais em que os filhos eram levados às lágrimas pelos pais: quando um moleque era eliminado, um pai, geralmente bêbado de cerveja, dizia que ele marcou touca o tempo todo, que tinha que entrar no jogo de verdade, manter o olho na bola etc., e o filho voltava para o banco envergonhado, sentava-se longe dos colegas e chorava, rios escorrendo sob seus olhos pretos. Mas comigo isso não acontecia: meu pai aplaudia em qualquer circunstância, mesmo que eu fosse eliminado balançando o bastão loucamente para alcançar uma bola no chão: Ótima rebatida, Benner, a próxima você acerta! Te amo!

Não quero criticá-lo, mas essas palavras de apoio me humilhavam, me marcavam como diferente. A pior experiência da minha temporada na liga infantil, o que basicamente acabou com tudo, foi quando todos os irmãos do meu pai vieram de outras partes do país para o Bar Mitzvah do meu irmão mais velho e assistiram, contra a minha vontade, a uma partida em que eu estava arremessando. Apesar da orientação e do incentivo de Bob Lolly, eu não conseguia lançar um strike. E, mesmo assim, a cada arremesso minha família nas arquibancadas me aplaudia intensamente, me deixando cada vez mais atordoado, até que comecei a deixar os rebatedores avançarem, a acertar os jogadores, mas Lolly não me tirava do jogo, já que a minha família tinha vindo de longe, ainda que precisássemos da vitória para nos classificarmos, ainda que meus colegas de time e seus pais estivessem furiosos nas arquibancadas. Finalmente, ele pediu tempo, correu até o montículo e me disse: Benner, eis que hoje eu vou pelo caminho de toda a terra, e você deve se fortalecer e se tornar um homem. O modo como se deve cantar a Torá é inseparável do seu sentido, por isso a cantilação adequada foi ensinada a Moisés com as vogais. Embora parte da melodia original tenha sido perdida, agora há um intervalo — um intervalo na canção é chamado de pausa por causa da chuva — e você precisa habitá-lo, deixar seu corpo ser a ponte. Minhas filhas, de cinco e sete anos, recentemente, quando estávamos em Sanibel, repararam que meus pais me chamavam de Benner e acharam a maior graça nisso. Elas começaram a me chamar de Benner como se fosse piada, chamavam e morriam de rir, mas logo virou um hábito, e diziam o apelido sem a intenção de ser engraçadas. Benner, posso comer alguma coisa. Benner, tive um pesadelo, fica um pouco aqui comigo. Benner, cadê a mamãe. Minhas filhas não são realmente judias — a mãe delas é católica não praticante — mas a gente celebra o Hanukkah, canta junto canções de Hanukkah, embora muitas vezes eu precise inventar as letras. Por algum motivo, eu não consigo decorar letras de música, e isso sempre me incomodou, já que para a maioria das pessoas a música é uma técnica mnemônica. Se quero aprender uma canção, preciso fazê-lo em duas partes, em duas etapas, decorando primeiro as palavras e depois a melodia, e é por isso que eu não conheço realmente nenhuma canção, é por isso que estou sempre falando sobre música ao invés de cantar, e assim passei a ensinar canções falsas para as minhas filhas; um dia elas vão descobrir que as letras não têm nenhuma tradição, nunca circularam. Aquela era "Joy to the World", e essa é uma parte da Torá sobre espelhos paralelos cantada no tom perfeito que nossos pais nos ocultaram, não porque não o quisessem para nós, mas porque achavam que não seríamos capazes de sustentá-lo, temiam que isso arruinasse as perspectivas de longo prazo de nossas vozes, que seria melhor descobrirmos o segredo por conta própria — ou não descobrirmos, não descobrir também é aceitável, Benner, só depende de você. Se você está se sentindo tão mal pelo concerto e quiser que a gente peça para o sr. Hollomanor organizá--lo de outro jeito, vamos pedir. Sabemos que você está chateado, estamos dispostos a ajudar e temos certeza de que ele entenderia. Mas já está tarde — não podemos ligar para ele agora — e talvez de manhã você se sinta de outro jeito. O que aprendi é que a parte mais difícil do concerto de inverno para você é sua própria preocupação — que uma vez que você sobe no palco, faz um ótimo trabalho e se sente bem depois. Mas como eu disse, é você quem sabe. Quando eu era criança, meu pai era intenso demais em relação a esse tipo de coisa. Havia uma peça anual na escola na qual todos tinham que participar e, embora o meu papel sempre fosse pequeno, muitas vezes sem sequer uma fala, consistindo basicamente em cruzar o palco vestindo um determinado figurino, eu ficava nervosíssimo. Eu nunca teria pensado em compartilhar essa ansiedade com meu pai, que teria passado um sermão sobre representar a família, honrar a família, ser um homem, entrar no jogo, o que para ele significava reprimir-se. Para ele, para o vovô, reprimir era a tarefa que cabia a cada geração, como a chuva, como chorar (rima com "cuidar") na chuva em que o sentido escapa, você tem que pegar com a língua, você tem que participar, era isso que seu pai sempre lhe dizia. Mas entendo que — embora fazer a apresentação leve apenas alguns segundos, embora o Hanukkah nem seja um feriado importante — a preocupação pode durar dez mil anos, esse é o milagre. Para mim e para sua mãe, o que quiser escolher está ótimo, vamos ficar orgulhosos de você de qualquer forma. Mas você precisa escolher.

Também conhecida como escovinha, centáurea-azul e botão-de-solteiro

Uma neve suave caindo na área de
escuta, algo precisa me manter longe
do rádio e de outras formas de contato
incidental, como *O momento atual é*
ou *Vejo a prata despencando nos próximos dias.*
Por que não a poesia? As nuvens A.M.
dão lugar ao sol P.M. Queria ter escrito isso
e escrevi, e proclamei ao vivo
assim como o fósforo proclama em minha mão

antes de nele acender o cigarro que peguei
do filho da minha primeira professora sob a neve
suave do seu velório improvisado, onde peguei
pneumonia, deixei que ganhasse vulto
por um tempo no pulmão esquerdo, depois adiei
Berlim. *Aconselho você a não pegar um voo*
é a coisa mais legal que alguém já
exceto talvez a ordem de *espevitar* quando
eu era um menino meio morto-vivo entre

as florezinhas roxas do estádio.
O plano era vagar por Kreuzberg
de luto, mas isso vai servir: previsões
ouvidas por acaso, ajustes na microbiota,
neve suave que depois vira chuva,
mas não *por* nada. Se você se volta
literalmente para dentro, alcança o esterno

com radiação, localiza uma sombra, e logo
o técnico imprime uma imagem para você, liberando

a elegia para outras coisas, como vagar
mais além do campo do jogo enquanto as bases
esvaziam. (Estão falando das partidas fora
de temporada, bela frase minha e que agora
se foi.) Centáurea, fidalguinhos —
invólucro em forma de urna, e margens
fissuradas e irregulares. Crescem na beira da estrada,
florescem em terrenos baldios, às vezes
têm dentes, às vezes lobos

A *cortina*

Acho que você precisa de propósito ou da percepção de que ele fugiu, especialmente ao olhar para cima. Você precisa de peças de fixação rudimentares, algo que una superfícies, que impeça, embora talvez de modo ineficaz, que elas se separem. O alcatrão resultante da destilação seca da casca de bétula, uma obra musical para organizar o trabalho. Eu particularmente preciso de cidades à noite, de estrelas oclusas mas imagináveis, de centros financeiros abandonados, de túneis subterrâneos onde o ouro entra e sai dos caixas-fortes. Gosto de imaginar que é esse o meu trabalho: empilhar barras de ouro em paletes sob Manhattan e transportá-las por breves distâncias com uma empilhadeira, literalizar as transações do dia, fazendo carreira na "custódia de ouro". Um mundo precisa de barras de ouro movendo--se no subterrâneo, embora elas não possam ser puras; se fossem puras seriam maleáveis demais para manter a forma com o tempo, então cada barra contém uma pequena quantidade de outros metais — cobre, ferro, prata, platina, que dão ao ouro uma tonalidade esbranquiçada. Sombras e impurezas que nos permitem manter a forma são as condições mínimas de um mundo, mas muitos mundos são breves, um pulso que se move por um meio; muitos mundos colidem e se recombinam enquanto os atravessamos, o que parece uma sucessão de teias no rosto: *splash, splash, splash,* mas sem o som. Precisamos de música sem som para organizar o trabalho de nos movermos pelos mundos mínimos dos amieiros, aveleiras, carpinos — árvores que rapidamente colonizam a área aberta após um incêndio. Tenho um sonho em que atravesso a ponte após o incêndio e vejo o centro da cidade coberto por bétulas, com cascas finas e se soltando, cascas de papel nas quais os nomes de todas as pessoas que já viveram estão escritos foneticamente, e quando olho para baixo vejo que a calçada é de vidro transparente e que o ouro está se movendo no subterrâneo, e quando olho para o céu vejo que o propósito está fugindo, o voo padrão do propósito; suponho que todos têm uma versão desse sonho, mas o esquecem ao acordar. Nós, ao menos meus amigos e eu, em geral nos descrevemos como *movidos* a música; no auge do sentimento reconhecemos que somos objetos transportados de um lugar para outro, metal macio, e acho que essas são as condições mínimas da pessoalidade, necessárias mas insuficientes: precisamos ser armazenáveis, impuros, capazes de movimento. Uma vez eu estava no trem voltando de Boston com John. Ele estava um caos e arrastei-o de volta para a cidade para poder ficar de olho, para que nós dois pudéssemos nos revezar cuidando dele — seu pescoço tenso, seu corpo oco, uma custódia gentil. Estávamos sentados atrás de duas jovens — talvez estudantes universitárias — que discutiam uma passagem de Dostoiévski, na qual prisioneiros na Sibéria queriam encenar uma peça de Natal. Juntos, eles fizeram uma cortina de "pano, novo e velho, conforme aquilo que cada um tinha dado e sacrificado; de batas e camisas velhas dos presos, cosidas umas às outras, para formar uma peça grande e, finalmente, parte dela, para a qual o pano não chegara, era simplesmente de papel, formado também da mesma maneira, às folhas, angariadas em várias oficinas e escritórios".* Ouvindo essas jovens discutirem em sussurros essa passagem, enquanto John pressionava o rosto contra o meu pescoço, enquanto deslizávamos no trem da linha Corredor Nordeste em pleno inverno, ruínas industriais ao luar pela janela — foi ficando muito bonito, na paráfrase delas, como os prisioneiros pintaram a cortina de preto e também com estrelas, penduraram-na no teto, dividindo mundos, derrotando o tempo, suspendendo o trabalho. *Olha*, eu sussurrava para John, *olha, olha*. Mais tarde, na Penn Station, depois de subirmos de escada rolante até o nível principal, voltamos a encontrar as duas jovens na plataforma da linha A de metrô. Eu queria dizer alguma coisa a elas, agradecê-las, mas não sabia como. Naquele momento, John abriu a mochila, pegou três barras e me entregou. Uma era retangular com os cantos arredondados, sinal de que vinha da contrastaria de Denver; outra tinha as bordas quadradas, o que significava que fora fundida em Nova York antes de 1986; a terceira tinha a forma trapezoidal típica do padrão internacional contemporâneo e um tom esverdeado (ferro). Toquei no ombro de uma das jovens e disse, embora não com essas palavras, *splash, splash, splash*. Só então ouvimos que um músico de rua tocava violino e o outro balalaica. Uma barra para ele, para os ratos vasculhando entre os trilhos, veja o ouro devorá-los, e uma barra para os jovens dançando no vagão, um hino à possibilidade, algumas barras da maleável música underground que meus amigos e eu distribuímos. Quando estávamos de volta à

---

* Fiódor Dostoiévski, *Memórias da casa dos mortos*. Trad. de Natália Nunes. Rio de Janeiro: Nova Fronteira, 2018.

área aberta, andando pela avenida DeKalb, começou a chover, John começou a perder a forma, eu não sabia se chegaríamos ao meu apartamento a tempo, muito menos no espaço. Quando estávamos próximos do parque, dois jovens de cabeça raspada nos pararam, bloquearam o caminho e dissemos com licença, tentando passar. Um deles se inclinou um pouco e disse: Passa a porra do dinheiro. E o outro levantou o moletom para mostrar o cabo da pistola enfiada na cintura. Passa a porra do dinheiro agora. Mas a gente não tem dinheiro, eu disse, o mais calmamente que pude, e era verdade. Por favor, eu disse, temos só esta mochila pesada com barras de ouro, que são carimbadas, não são fungíveis, não podem circular. Naquele momento notei a bandagem que tinham nos pés. Naquele momento, percebi que aqueles dois garotos eram garotas, eram as garotas que estavam falando sobre Dostoiévski no trem. Elas devem ter nos seguido, devem ter nos seguido a vida inteira, devem ter sido esquecidas ao despertar. Os disfarces caíram, a pele delas começou a brilhar, a chuva parou, a chuva parecia suspensa contra o fundo martelado do céu. E elas disseram, embora não com palavras, viemos aliviá-lo do peso dessa mochila, acabar com um mundo para poder dar início a outro. Porque um mundo acaba a cada poucos segundos e precisa ser reconstruído, mundos terminam e são reconstruídos, um movimento de vaivém. Acho que o mais difícil para mim, disse John, quando estávamos de volta ao meu apartamento processando o ocorrido, sentados na janela fumando aqueles cigarrinhos britânicos que ele sempre tinha, acho que o mais difícil para mim é a sensação de que não tenho nenhuma respeitabilidade burguesa — perdi outro emprego, Cora e eu terminamos, dessa vez para valer, por causa da questão dos filhos, certamente não sou um consolo pros meus pais — mas também não tenho acesso ao valor ou às intensidades da arte, da minha ou de qualquer outra pessoa, os altos que podem fazer os baixos valerem a pena de alguma forma. A gente sabe muito bem que as minhas recentes instalações sonoras são uma porcaria. E essa sensação de ser um peso para os meus amigos, você e o Ben especialmente. E essa sensação de que tudo isso é irrelevante, dada a situação política. E então — Pare, eu o interrompi, pare só por um segundo, John, e ouça. Ouça o vento nas bétulas, uma sequência de álefes, o som ambiente da floresta, as sirenes à distância, a música folk, desnecessária mas suficiente. Eu pessoalmente preciso de cidades à noite, calçada de vidro transparente, impurezas, papel, tudo junto formando uma imensa cortina de retalhos. Estou ouvindo agora, John, Jack, Josh, Josiah, James. Me diz o que você precisa.

Rotação

1.

Eu ia elogiar a transpessoalidade da letra impressa em
relação à individualidade da caligrafia
Eu ia elogiar o espectador construído pela monocromia
Eu ia descrever — e elogiar — o notável retorno da
intenção na nova música
O desejo de acessibilidade me queima por dentro
enquanto elogio a fantasia da personalidade
corporativa

Na breve janela entre a decolagem e a permissão para
usar dispositivos eletrônicos, acho que uma grande
transformação é possível
Acho isso durante uma curva acentuada para o leste, em
busca de ares mais tranquilos
Quando não sei se uma pessoa está de brincadeira,
acredito na força da modalidade poética, de ouvir
isto como se fosse música,
de ver isto *como se* fosse uma experiência de
coletivização do sentimento, não importa se falhar

O brilho vermelho da torre do relógio que vemos pela
janela e o brilho vermelho do despertador ao lado da
janela
colaboram para a tese sobre cor e sincronia, até que a
primeira perde minutos em um vento forte
Então a tese se converte em um suspiro admitindo a
futilidade da administração, uma falácia
que elogio por sua mutabilidade e convoco

2.

Não consigo expressar, na linguagem do vínculo lógico,
    o meu amor por vocês, a segunda pessoa do discurso
    no plural,
na eterna beira da existência, como a cor que quase se
    torna superfície
Recorro a um verbo que não está lá, mas experimento
    o seu formato, depois faço a retroformação de um
    sujeito indeterminado
com quem me identifico, caminhando pelo parque à noite

Não há nada mais bonito que uma rede elétrica
    vulnerável
brilhando no império tardio, que é como penso em
    vocês, postes de luz piscando
Penso em vocês como na amiga que continua falando
    comigo sem perceber que a ligação caiu, ou como
a minha liberdade negada que retorna em forma de
    atonalidade

não quando o vidro que se quebra me desperta, mas
    quando ele entra no sonho como uma inovação
    orquestral
Acho que estou esperando você ler isso de volta para
    mim numa voz que eu possa incorporar às asas
    pequeninas e reais
roçando os lábios, começando a fazer sentido, um tom
    oceânico
suspenso sem se decidir entre a exuberância e o plaino

3.

Não tenho quase nenhuma das características do
   homem bem-feito listadas por Walt Whitman
Tudo o que tenho é uma espécie de hipersensibilidade
   às luzes do porto e ao horizonte urbano, que me
   atingem com força
É como fumar com o adesivo de nicotina colado para
   não atrasar, como acenar para alguém
que estava acenando para alguém atrás de mim, e assim
   sermos correspondidos

Mas somos correspondidos, como uma crise na pintura
   de cavalete e uma guerra suja
O brilho suave do Kindle quando o trem entra no túnel,
   eu certamente teria mais leitores
se fizesse uma turnê, mas estou morto e ocupado dando
   aula
Estou diante de um tipo de abstração absoluta da qual a
   plaquinha diz que eu faço parte,

a base não preparada que retorna como figura, figura
   que parte pra cima de mim
Carrego para o parque a imagem consecutiva e a deito
   no chão como um lírio onde um galho caiu em cima
   de uma criança
Enquanto espero ser reanimado em pouco tempo por
   uma força por ora apenas hipotética,
mantenho minha atividade virtual

4.

E *há* forças reais que agem no popular, agora reconheço,
   estou buscando formas
de reconhecimento, esta é uma delas, me conte se serve
   para você, irmão
Essa palavra é incrível, como "pão" ou "morte", vamos
   adicioná-la à lista de coisas a serem recuperadas
   para a cidade flutuante
não comercial que estou construindo com lixo e cabelo,
   os alarmes dos carros que disparam com o trovão,

com chuva e trovão, pão e sexo — esse é um modelo,
   não tenho certeza se vai funcionar
Como Sei Shōnagon, estou fazendo uma lista de coisas
   que aceleram o coração, e você pode estar nela
Estou conversando com franqueza sobre a admissão da
   violência durante a longa transição
rumo ao reencantamento, e você pode deixar
   comentários

Da meia-noite brilhante e perpétua na parada de
   caminhões, vi um homem surgir descalço
Do fato empírico da contingência, vi crescer uma
   relação de grande delicadeza, a treliça e a videira
e o trovão e o trabalho, reconheço isso agora
Reconheço que a escuridão e a luz, como ferramentas
   de modelagem, devem dar lugar ao quente e ao frio

5.

Acabo de descobrir que suas telas não brilham, elas
    dependem, como as luas, de uma fonte externa de luz
Eu sabia, mas tinha esquecido, que a lua retarda
    a rotação da Terra, prolongando o dia
    milimetricamente
Aprender alguns fatos é como lembrar, eles se encaixam
    num lugar preparado previamente por outros fatos
Podemos levar conosco o molde de um fato que
    desconhecemos, como uma fotografia

de alguém querido e ausente, embora qualquer fato
    isolado seja inútil
O fluxo constante de fatos isolados que chamamos de
    informação nos distrai de um fato básico cujo molde
    carregamos
Esse molde tem volume e tentamos preenchê-lo com
    coloides, fumaça e espuma
Quando encontrarmos esse fato ausente, pela primeira
    vez vamos experimentar a integridade, que será

como recordar, sair outra vez de um túnel para a chuva,
    eu sei
li em algum lugar no escuro que um sujeito transpessoal
    capaz de acabar com a guerra permanente
é o todo ainda não constituído, o poema
sua figura em lenta rotação, e cada um de nós carrega
    um volume

6.

Esta é a breve fase de transição entre o imaginário
    orgânico e um vocabulário maduro
de grande severidade retilínea, o sol tingiu-se de cádmio
    entre as partículas ambientais
Esta é a breve janela em que as belas etimologias retornam,
    quando você pode intuir um uso futuro
numa fala arrastada, vinho verde no telhado, folhagem
    esquelética onde vimos aqueles besouros iridescentes
    acasalando

Uma espécie de falso vampirismo está se espalhando rápido
    entre adolescentes americanos e devemos apoiá-los,
seu desejo de ser marcado e viver para sempre, sua recusa
    do reflexo, o sal no pescoço talvez seja o melhor sal que
    existe
Estou disposto a apoiar qualquer forma experimental de
    sociabilidade baseada no crepúsculo, e é uma base
Você pode peneirar um punhado, ver flocos de mica
    reluzirem

logo antes de o acrílico secar, antes que as paredes brancas
    o recuperem da especificidade do meio
Por causa da expansão das plumas subaquáticas, chegou-
    -se a um pluralismo desesperado, e você pode dizer
    qualquer coisa
em hexâmetros soltos, ajude-me a juntar esses aqui
rápido, antes que comecem os trabalhos noturnos na
    ponte

A *rosa*

1.
É um sonho clichê, ela disse, comum
Eu pensava que bibliotecas eram silenciosas porque
assim como proíbem fotografia com flash
os livros eram corroídos pela fala, os pigmentos
Aquele em que é noite na instituição
Um ursinho Corduroy se esconde do vigia
Os animais conversam no zoológico e as esculturas
relaxam, se alongam, caminham pelo átrio
falam baixo para proteger o vidro azul no
Problemas na cadeia de suprimentos, como a mica reluz
em *A rosa*, de Jay DeFeo, que vi pela primeira vez
com Margaux, quando o novo Whitney abriu, depois
Quando eu estava dormindo, a mica reluzia à luz
vermelha do alarme, e nos meus sonhos toda luz é
Do jeito que você é todo mundo no sonho
faz calor, ela acendeu um cigarro na tela
de brasa azul. Como aquelas pinturas de Magritte em que
a casa é iluminada por um poste de luz, mas
o céu é diurno, ou seja, é assim estar vivo
e ser feito de pano, escrevendo isso

No caderno que ela deixa ao lado da cama, há algumas
Há uma luzinha subindo a escada rolante
Gosto do poema que seu filho escreveu sobre o lobo
que ele tenha necessidades, que a primeira seja carninha,
estava escrito "carinha", e a segunda a lua
Que a lua seja uma necessidade que se pode satisfazer
na cidade, enquanto as estrelas são ofuscadas

é clichê, banal, porque elas também sonham
as instituições, é por isso que gosto de dar aula à noite
como *A rosa*, cara demais para ser restaurada
pesada demais para sair do lugar, passou anos atrás de uma
parede falsa em São Francisco, e os seminários
sobre arte aconteciam na sua presença, paredes
invisíveis têm um inconsciente, necessidade
de sono e oxigênio, lobos e grandes peixes prateados
estava escrito "bolos", meus amigos e eu passeamos por lá
à noite, para ver o que havia mudado embaixo
das claraboias, na grama macia
nas estrelinhas, estamos fazendo invertidas
nas paredes ao redor do fogo. Eu gostaria de começar

2.

"Eu gostaria de começar esta noite", ele disse, "contando a vocês duas histórias sobre o poder das instituições. Quando eu tinha oito anos, a idade de Lucía, Shirley, uma amiga da minha mãe, levou a mim e ao meu irmão para uma noite sob a famosa "cúpula de vidro subaquática" do Aquário de Seattle. Antes de apagarem as luzes, uma mulher deu uma série de orientações, enfatizando, entre outras coisas, que qualquer tipo de alimento estava proibido. Tínhamos sacos de dormir, e eu levei meu travesseiro do *Star Wars*. Tubarões e arraias flutuavam pelos céus aquáticos acima de nós. A certa altura, Shirley sussurrou que tinha trazido uma surpresa, e nos mostrou dois saquinhos daquelas balas açucaradas em forma de gomos de laranja, que a gente amava. Elas pareciam brilhar no escuro. Meu irmão ficou ouriçado, mas eu senti pavor, talvez porque fosse tão raro eu ficar longe dos meus pais à noite que não podia suportar nenhum sinal de imprevisibilidade vindo da pessoa responsável por mim. Ou talvez eu achasse que o veto à comida fosse crucial para a nossa segurança, que se os tubarões ou peixes-vermelhos de algum modo sentissem o cheiro da bala, viriam atrás dela, batendo seus corpos macios e frios sem parar contra o vidro, até que ele quebrasse e quatrocentos mil galões de água desabassem sobre nós. Shirley deve ter ficado chocada quando comecei a chorar, a entrar em pânico — repetindo não, não, não —, quando ela veio com o saquinho na minha direção, enquanto os outros "acampados" apontavam suas lanternas para nós dois. Por fim, eles conseguiram me acalmar, Shirley guardou os dois sacos de bala de volta na bolsa, enfurecendo meu irmão.

Minha lembrança é de uma noite sem dormir, tentando manter a cúpula intacta com a força do meu olhar, embora eu provavelmente tenha dormido por horas. Mais pra frente, naquele mesmo ano (esta é a segunda história), ouvi meus pais discutirem preocupados a minha ida a uma viagem de acampamento dos escoteiros lobinhos, porque eu tinha começado a andar durante o sono. (Dava para ouvir meus pais do outro lado da parede se eu entrasse no armário do meu quarto.) Minha mãe tinha medo de que eu saísse da barraca e caísse de um penhasco ou dentro de um lago, e meu pai não parava de dizer que entendia a preocupação dela, mas que eles não podiam tomar todas as decisões parentais com base no medo; eu precisava ter experiências; eles podiam falar com a Dana, a "chefe de escoteiros", pedir uma vigilância extra. Eu não tinha vontade de acampar, pelo menos não sem meus pais, de ter que segurar a cúpula do céu, então comecei a fingir sonambulismo de forma mais agressiva, com o objetivo de assustar meus pais e fazê-los me deixar em casa. Quando eu andava dormindo de verdade, sempre ficava no mesmo andar dos quartos, geralmente ia para o quarto dos meus pais e falava coisas sem sentido antes de voltar calmamente para a cama, mas agora eu fazia questão de descer as escadas fazendo barulho, de abrir e fechar a porta da frente, embora nunca saísse de casa. Uma noite, quando eu estava fazendo um estardalhaço na cozinha, meu pai desceu exausto para me buscar, para me convencer pacientemente a voltar para a cama, mas desta vez ele mesmo parecia estar mais adormecido do que acordado, com os olhos meio fechados; ele murmurava coisas incompreensíveis. O pânico voltou: "Eu estou acordado, pai, estou acordado", eu disse, desesperado para acordá-lo. "Só estava fingindo que era muito sonâmbulo. Porque eu não quero ter experiências."

3.

Nos sete anos seguintes, ela aplicou grossas camadas de tinta
e esculpiu-as com um cinzel, inserindo com o olhar cavilhas
de madeira para sustentar o impasto espesso
que se deslocava durante a noite, revezando com amigos
Assim como avisam que os pertences podem
ter se deslocado durante o voo, o mesmo se aplica ao sono
Debruçado na sacada de uma janela na Fillmore Street
depois que serramos a moldura, isso me lembra de que
Todos os meus livros favoritos eram sobre espaços construídos
fundindo-se com bosques, mundos, Nárnia através do
    guarda-roupa
O príncipe que amarraram na cadeira, que disse
Não importa o que eu diga, não me soltem, tapem os ouvidos
O quarto de Max tornando-se uma selva, Harold desenhando
    a lua
que passa a existir, criando o mar inadvertidamente
quando a sua mão tremeu, e o número sete
Leio para as minhas meninas, Marcela põe um livro
debaixo do travesseiro para "me ajudar a sonhar", a porta se
    abre para
a floresta, porque você sabe que as pessoas que a construíram
estão nas suas paredes, que você satisfez as suas necessidades
à custa de outros lobos

é parte do trabalho de Margaux. Vimos isso ser restaurado,
restaurar-se diante de nossos olhos, e, como uma estrela,
    colapsar
para dentro, de modo contínuo, diante de nós, vimos

através da moldura, e eu disse a rosa é obsoleta
citando, se renova a si mesma em metal ou porcelana de
   modo que
eu estava emendando versos, envolver as rosas
vira uma geometria, fim da citação, e o guarda
disse a ela: "Sem flash", quando ela nem tinha
Ela não estava segurando nada, é a coisa mais gentil
que alguém já disse para mim
No sonho, você é todo mundo, até mesmo as paredes
Você perambula sonâmbulo pelo seminário sobre modernistas
falando em voz baixa, você não deve acordá-los
seus pais, apenas sugira gentilmente que eles voltem
Assim posso relaxar sobre a influência na presença dela
Faço uma lista das minhas necessidades: luz e calor
carinha e peixe, um pacto para segurar a cúpula
acima do mundo bem alto, como um diamante
e um caderno, uma cadeia de suprimentos feita por nós
   mesmos
Oxigênio, água potável, bibliotecas, cavernas

O filho

Esta canção é dedicada, esta canção vai para, é para. Eu a escrevi em um sonho, a segunda canção mais antiga do mundo. É sobre horas não remuneradas, horas azuis, e a letra tem um pouco a ver; a letra evoca. Elas são anônimas e creditadas como a chuva. Quero que todos cantem junto, até as pedras. Quero todas as pessoas encantadoras trabalhando no escuro. O vento nos choupos, conversas ouvidas por acaso, ruído de tráfego, sirenes ao longe, pessoas separando vidro na reciclagem, o apito e o estampido dos fogos de artifício ilegais, o som dos tiros disparados, o riso cruzando a parede, o riso das crianças — esta é a minha gente, balançando sem que se perceba. Você conhece todas as palavras porque não há palavras, mas há um destinatário; você é o receptor implícito das palavras da canção do e para o futuro que gravei no meu celular em um sonho comum, pois sonhos são comuns. A tela está bem rachada e gruda vidro no dedo toda vez que a toco. Algo se perde na transcrição porque não há palavras, mas o som ambiente é captado, forma-se uma camada sonora. É por isso que estou enviando links aos meus amigos: quero meus amigos conectados e ouvindo enquanto se dispersam pelas pontes até que isso faça parte da tradição folclórica, da tradição azul, da parte silenciosa e sem palavras com a qual contribuí, anonimamente, estando vivo. As pinturas cantam à noite, exalam, mesmo que todas essas palavras estejam erradas. A canção continua para sempre até parar. Sua ideia básica é que o tempo pode ser derrotado por uma hora se todos respirarem juntos, mas canções não são feitas de ideias, são feitas de vidro, vidro aerossolizado que aparece nos pulmões. Eis o refrão da canção: o instante antes da música. É um pouco sentimental, o poema que descreve a canção que seria geral. Como minhas filhas, sentimentais, irresponsáveis e fortes; como meus filhos, irascíveis, não nascidos. Esta canção se apaga como vela ao vento. Meu pai diz que meu nome veio de *Bennie and the Jets*; na verdade foi em homenagem ao meu bisavô materno, mas meu pai cantava para mim na maternidade Stormont Vail. Minha crença é que a primeira experiência da linguagem vem do pai e é cantada, sentimental, popular, que a canção é povoada, que até eu sou dedicado e saio. Se você vê o *i* como uma vela, se *i*'s são pontuados por chamas e centelhas, então uma canção entrou em circulação. E se eu estivesse agora segurando um filho embrulhado na manta do hospital, se o rosto dele estivesse ferido e roxo debaixo do gorro, se eu estivesse cantando para esse filho enquanto olhava para o parque pela janela, ele seria a minha princesa, todas as canções populares seriam sobre ele, pairando ao seu redor como uma névoa. Tudo o que eu preciso que a minha canção diga um dia é você é minha princesa e meu pai e você está respirando vidro, um vidro suave que conecta você, que a chuva fora do tempo é névoa, é vidro, e quero que você se espalhe e percorra as pontes.

Nenhuma arte

Esta noite não lembro por que
tudo é permitido ou,
o que dá no mesmo,
proibido. Nenhuma arte é total, nem

mesmo a deles, embora construa
torres ou mate em ataques aéreos,
há piedade demais no desespero,
como se as folhas de prata atrás

do vidro fossem política
e o vento em que se movem
e o risco de tempestades
esparsos. Essas ainda são

as minhas formas de criar e
sei que posso contar com você
até que você seja real o bastante
para recusar. Talvez eu tenha ficado

para trás, esteja ficando, mas
penso que tenho a minha
gente, poucas pessoas
num estado falido, e amor

mais vanguardista que a vergonha
ou as distâncias fáceis.
A minha gente está toda comigo agora
assim como a luz.

Agradecimentos

Agradeço demais aos seguintes periódicos, nos quais esses poemas foram publicados pela primeira vez, muitas vezes em versões diferentes: *Bomb, Brick, Frieze, Granta, Harper's Magazine, Lana Turner, London Review of Books, The New Yorker, The New York Review of Books* e *The Paris Review*. "A escuridão também projetou manchas em mim" foi transformado em folheto pelos estudantes do Centro de Livros e Artes do Papel da Universidade Columbia. "Sem título (tríptico)" foi impresso em edição limitada com monotipias de Wendy Mark. Vários dos poemas em prosa foram incluídos no livro *Gold Custody*, uma colaboração com Barbara Bloom, publicado pela Mack Books.

"*Contre-Jour*" é em memória de John Berger. "Também conhecida como escovinha..." é em memória de C. D. Wright. *Omnia quae sunt, lumina sunt.*

Copyright © 2023 Ben Lerner

Todos os direitos reservados. Nenhuma parte desta obra pode ser reproduzida, arquivada ou transmitida de nenhuma forma ou por nenhum meio sem a permissão expressa e por escrito da Editora Fósforo.

Copyright da tradução © Círculo de Poemas

DIREÇÃO EDITORIAL Fernanda Diamant e Rita Mattar
COORDENAÇÃO DA COLEÇÃO E EDIÇÃO Tarso de Melo
COORDENAÇÃO EDITORIAL Juliana de A. Rodrigues
ASSISTENTE EDITORIAL Rodrigo Sampaio
REVISÃO Geuid Dib Jardim
DIRETORA DE ARTE Julia Monteiro
PROJETO GRÁFICO Alles Blau
EDITORAÇÃO ELETRÔNICA Página Viva

CIP-BRASIL. CATALOGAÇÃO NA PUBLICAÇÃO
SINDICATO NACIONAL DOS EDITORES DE LIVROS, RJ

L624L

Lerner, Ben, 1979-
 As luzes / Ben Lerner ; tradução Maria Cecilia Brandi. — 1. ed. — São Paulo : Círculo de Poemas, 2025.

 Tradução de: The lights
 ISBN: 978-65-6139-059-0

 1. Poesia americana. I. Brandi, Maria Cecilia. II. Título. III. Série.

25-95687
CDD: 811
CDU: 82-1(73)

Meri Gleice Rodrigues de Souza — Bibliotecária — CRB-7/6439

---

circulodepoemas.com.br
fosforoeditora.com.br

Editora Fósforo
Rua 24 de Maio, 270/276, 10º andar
01041-001 — São Paulo/SP — Brasil

A marca FSC® é a garantia de que a madeira utilizada na fabricação do papel deste livro provém de florestas gerenciadas de maneira ambientalmente correta, socialmente justa e economicamente viável e de outras fontes de origem controlada.

CÍRCULO DE POEMAS

O **Círculo de Poemas** é a coleção de poesia da Editora Fósforo que também funciona como clube de assinaturas. Seu catálogo é composto por grandes autores brasileiros e estrangeiros, contemporâneos e clássicos, além de novas vozes e resgates de obras importantes. Os assinantes do clube recebem dois livros por mês — e dão um apoio fundamental para a coleção. Veja nossos últimos lançamentos:

LIVROS

Poema do desaparecimento. Laura Liuzzi.
Cancioneiro geral [1962-2023]. José Carlos Capinan.
Geografia íntima do deserto e outras paisagens reunidas. Micheliny Verunschk.
Quadril & Queda. Bianca Gonçalves.
A água veio do Sol, disse o breu. Marcelo Ariel.
Poemas em coletânea. Jon Fosse (trad. Leonardo Pinto Silva).
Destinatário desconhecido: uma antologia poética (1957-2023). Hans Magnus Enzensberger (trad. Daniel Arelli).
O dia. Mailson Furtado.
O Kit de Sobrevivência do Descobridor Português no Mundo Anticolonial. Patrícia Lino.
Se o mundo e o amor fossem jovens. Stephen Sexton (trad. Ana Guadalupe).
Quimera. Prisca Agustoni.
Sílex. Eliane Marques.

PLAQUETES

A superfície dos dias: o poema como modo de perceber. Luiza Leite.
cova profunda é a boca das mulheres estranhas. Mar Becker.
Ranho e sanha. Guilherme Gontijo Flores.
Palavra nenhuma. Lilian Sais.
blue dream. Sabrinna Alento Mourão.
E depois também. João Bandeira.
Soneto, a exceção à regra. André Capilé e Paulo Henriques Britto.
Inferninho. Natasha Felix.
Cacto na boca. Gianni Gianni.
O clarão das frestas: dez lições de haicai encontradas na rua. Felipe Moreno.
Mostra monstra. Angélica Freitas.
é perigoso deixar as mãos livres. Isabela Bosi.

Para conhecer a coleção completa, assinar o clube e doar uma assinatura, acesse:
www.circulodepoemas.com.br

**CÍRCULO
DE POEMAS**

Este livro foi composto em GT Alpina e
GT Flexa e impresso pela gráfica Ipsis
em janeiro de 2025. Tornar o sonho
maior que a noite.